優渥叢書

用 190 張線圖學會

買低賣高
賺飽價差

運用均線分析 ＋ K線 ＋ 成交量 ＝ 躲過主力坑殺還賺130%

進入股票、基金和期貨市場必學寶典 ＝ 為自己存退休金

周峰◎著

優渥叢書

CONTENTS

第1章 散戶想賺價差，必懂的K線知識

- **1-1** K線是什麼？為什麼是最重要的技術分析？ *008*
- **1-2** 從K線可看出這4種價格 *012*
- **1-3** 可用型態或時間來分類K線 *020*
- **1-4** 從強勢到無勢的4種K線 *024*
- **1-5** 分析K線時該有的正確觀念 *029*
- **1-6** 一張表帶你看懂K線組合型態 *032*
- **1-7** 用3個技巧快速學會看K線 *036*
- **1-8** 帶你從K線看個股和大盤趨勢 *041*
- **1-9** K線運用的注意事項 *043*

第2章 在底部訊號出現時加碼，獲利最大、風險最小

- **2-1** 底部有分長中短期，特徵各不同 *046*
- **2-2** 雙底型態的最佳買點，是向上突破頸線後 *053*
- **2-3** 頭肩底的停損時機，是型態頭部出現時 *063*
- **2-4** 圓底形的成交量放大時，要勇於買進 *070*
- **2-5** 潛伏底橫盤時間長，一旦突破漲幅巨大 *076*
- **2-6** 操作V型底時，記住「有急跌必有反彈」 *080*

第 3 章 學會順利逃頂,獲利了結才能真正賺到錢

- 3-1 頂部有分長中短,特徵各不同 *086*
- 3-2 雙頂是明顯轉勢訊號,投資人要第一時間出場 *092*
- 3-3 頭肩頂一旦形成,股價下跌成定局 *097*
- 3-4 圓頂形形成時間越長,下跌幅度越大 *102*
- 3-5 尖頂快速上漲快速下跌,務必即時停損 *107*

第 4 章 整理型態出現時,教你不錯過下一個「賺波段的機會」

- 4-1 上升三角形是買進訊號,進場位置在⋯⋯ *114*
- 4-2 個股跌破下降三角形的支撐線後,應及時停損 *122*
- 4-3 擴散三角形是大跌訊號,投資人要迅速離場 *127*
- 4-4 收斂三角形是觀望訊號,出手前再想一想 *133*
- 4-5 上升旗形從這 3 方面判別,就不會誤認 *139*
- 4-6 下降旗形中,每次反彈都是做空時機 *145*
- 4-7 上升楔形是誘多陷阱,千萬不要被低點上移騙了 *151*
- 4-8 下降楔形是誘空陷阱,要看準這時機買進⋯⋯ *156*
- 4-9 遇到矩形型態時,得找出向上或向下的突破 *161*

第 5 章 帶你分析缺口,有效判斷多空變化和主力動向

- 5-1 為什麼會形成缺口?有哪些種類? *166*
- 5-2 抓緊反轉階段的缺口,別錯過大漲機會 *176*
- 5-3 股價上漲階段,要特別注意第二個重要缺口 *183*
- 5-4 頂部反轉階段的缺口風險大,最好不要參與 *187*
- 5-5 下跌過程中,要掌握明顯的向上跳空缺口 *190*

第 6 章 從成交量看懂主力操作,散戶賺錢的不敗秘訣

- 6-1 什麼是成交量?量價之間有什麼關係? *196*
- 6-2 成交量與價格可能同步,也可能背離 *199*
- 6-3 全圖解 5 種成交量圖形 *201*
- 6-4 教你從主力角度來分析成交量 *228*

第 7 章
運用均線分析，股票、基金和期貨都能賺波段

- 7-1 均線是什麼？有哪些類型？ *230*
- 7-2 【實戰案例】運用均線和 K 線買入個股 *236*
- 7-3 【實戰案例】運用均線和 K 線賣出個股 *243*
- 7-4 葛蘭碧的均線 8 大法則 *252*

第 8 章
跟著趨勢走，你就能輕鬆成為市場贏家

- 8-1 趨勢有 3 種：上升、水平和下降 *260*
- 8-2 【實戰案例】運用趨勢線和 K 線買入個股 *263*
- 8-3 【實戰案例】運用趨勢線和 K 線賣出個股 *268*
- 8-4 通道線一旦被突破，趨勢就會發生變化 *272*
- 8-5 用黃金分割線分析強勢股和弱勢股 *276*

Chapter 1

散戶想賺價差，必懂的 K 線知識

1-1

K線是什麼？
為什麼是最重要的技術分析？

炒股中最重要的，是學會看懂K線圖，即看懂K線這本無字天書，它是所有投資人入市之初就必須掌握的基礎知識。對於短線投資人來說，K線分析更是其行走市場的法寶，甚至是唯一有效的獲利工具。那麼，K線究竟是什麼呢？下面進行詳細講解。

1-1-1　K線的起源

K線是用來記錄交易市場行情價格的曲線，因其形狀如同兩端有蕊芯的蠟燭，故在西方被稱為蠟燭圖（中國人習慣稱為陰陽線）。起源於日本德川幕府時代的170年以後，當時日本大阪的堂島大米會所，開始經營世界最早的期貨合約，K線就是為記錄大米每天漲跌的價格而發明的。

K線實際上是為考察市場走勢提供了一種視覺化的分析方法，簡潔而直觀，雖然不具備嚴格的邏輯推理性，卻相當具有統計意義。它真實、完整地記錄市場價格的變化，並反映價格的變化軌跡。

經過300多年演化，特別是經過西方社會近30來年的推廣，K線技

術目前被廣泛應用於股票市場、期貨市場、外匯市場、黃金白銀市場等領域,已成為技術分析中的最基本的方法之一。

1-1-2　K 線的組成

圖 1-1 是 2020 年 12 月 25 日到 2021 年 4 月 9 日上證指數每個交易日的 K 線圖。可以看出 K 線是一條柱狀線條,由實體和影線組成。實體上方的影線為上影線,下方的影線為下影線。

▲ 圖 1-1　上證指數（000001）的日 K 線

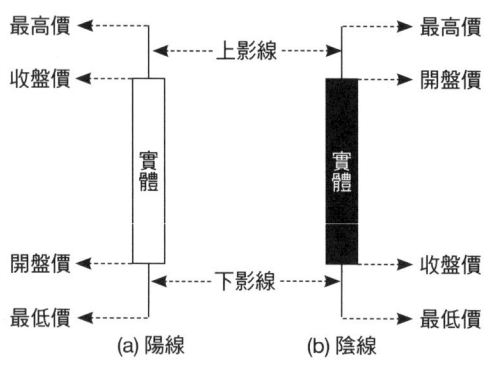

▲ 圖 1-2　陽線和陰線

　　K 線由股價的開盤價、收盤價、最低價和最高價組成。實體分陽線和陰線，當收盤價高於開盤價時，實體部分一般是紅色或白色，稱為陽線；當收盤價低於開盤價時，實體部分一般是綠色或黑色，稱為陰線，如圖 1-2 所示。

　　K 線具有直觀、立體感強、訊息量大的特點，它吸收了中國古代的陰陽學說理論，蘊含著豐富的東方哲學思想，能充分顯示股價趨勢的強弱及買賣雙方力量的變化，從而較準確地預測後市。

　　利用 K 線圖，投資人可以對變化多端的股市行情一目了然。K 線圖最大的優點是簡單易懂，並且運用起來十分靈活；最大的缺點在於忽略了股價在變化過程中，各種紛繁複雜因素。

1-1-3　K線的意義

　　K 線是一種陰陽交錯的歷史走勢圖，實際上包含著因果關係。從日 K 線圖上看，上個交易日是當前交易日的「因」，當前交易日是上個交易日的「果」；而當前交易日又是下個交易日的「因」，下個交易日是

當前交易日「果」。正是這種因果關係的存在，股評家才能根據 K 線陰陽變化找出股市規律，並以此預測股價走勢。

　　K 線的規律表現為一些典型的 K 線或 K 線組合出現在某一位置時，股價或大盤指數將會按照某種趨勢運行，當這些典型的 K 線或 K 線組合再次出現在類似位置時，就會重複歷史的走勢。如底部出現早晨之星時，股價往往會由此止跌回升，掌握這一規律後，當再遇到底部出現早晨之星時，就可以判斷股價反轉在即，並考慮擇機建倉。

　　K 線的規律是投資人由長期實戰操作中摸索出來的，作為投資新手，需要在學習他人經驗的基礎上，經由實戰來提高自己的能力。

1-2 從 K 線可看出這 4 種價格

　　以日 K 線為例（每個交易日形成一根），一根標準的 K 線，可以反映出每個交易日內的 9 種訊息，分別是開盤價、收盤價、最高價、最低價、實體、陽線、陰線、上影線、下影線。

- 開盤價：又稱開市價，是指每個交易日開盤後第一筆買賣成交的價格。收盤價：又稱收市價，是指每個交易日收盤前最後一筆買賣成交的價格。

- 最高價：指每個交易日成交價格中的最高價格，有時不只一筆。最低價：指每個交易日成交價格中的最低價格，有時也不只一筆。

- 實體：指開盤價與收盤價之間的波動幅度。

- 陽線：指收盤價高於開盤價，價格上漲。陰線：指開盤價高於收盤價，價格下跌。

- 上影線：指位於實體上方，實體與最高價之間的連線。下影線：指位於實體下方，實體與最低價之間的連線。

　　需要注意的是，每根 K 線都具有判斷和指導意義，主要是實體和影線，具體如下所述。

- 實體：指K線的實體部分，是股市買賣氣氛和力度的象徵。例如，大陽線象徵著上漲氣氛和買盤力度強烈，大陰線象徵著下跌氣氛和賣盤力度強烈。
- 影線：是上漲或下跌過程中被折回後的痕跡。上影線象徵著股價的上漲遇到阻撓和反抗，下影線象徵著股價的下跌遇到阻撓和反抗。需要注意的是，上、下影線的長度與反抗力度成正比。

1-2-1　開盤價

為了更能掌握K線，投資人還需進一步深入瞭解開盤價、收盤價、最高價、最低價。開盤價是很多投資人深思熟慮一晚後的交易結果，如果沒有重大消息的影響，一支股票的開盤價應與昨日的收盤價保持一致，否則就說明開盤價很可能受到主力的干預。至於主力為什麼這麼做，則需要深入研究與思考。

1. 開高

一般來說，開高很多和開低很多的開盤，都是要衝破數個價位的買賣單，所以成交量也會較同期有所放大。如圖1-3所示，該股收盤價為14.42元，22日開盤價為14.94元，即開高，這一天成交量明顯放大。

開高的原因有很多，要根據具體情形判斷，主要有以下4種。

第一，內線交易。內線交易是主力與熟知者進行的一場有約定性的交易，例如主力或利益相關者的籌碼需要獲利套現，主力便會安排其在集合競價的狀態下進行交易，以完成某種特定意義的利益輸送行為。內線交易常常會在集合競價階段完成，即在集合競價的狀態下完成利益輸送行為，這是因為此時還無法看到股價當天的運行趨勢。

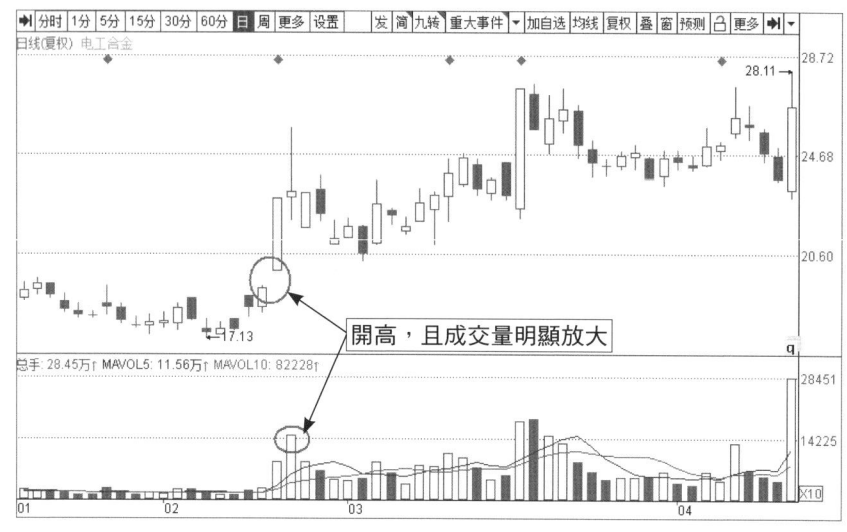

▲ 圖 1-3　開高

此時，在某一高位進行大筆交易，不僅完成的時間非常短，且不影響股價隨後的正常運行，同時也避免在連續競價中要突破大量買賣盤障礙才能完成該筆交易的麻煩。如果開盤後股價波動不大，且成交量也恢復正常，那麼說明集合競價中的上述行為，只是一次性的利益輸送。但這一看盤細節也意味著主力先讓利益相關者撤離，此後股價在短期內下跌的可能性相當大。

第二，主力對倒試盤、拉升或出貨。很多時候，主力喜歡經由開高很多的行為，使自己的股票一大早進入當日股市的「今日漲幅排名」，就可以得到短線投機者的關注，而這些數以萬計的短線投機者，基本上都是專業投資人，通常也都是大戶。主力經由開高、量大的特徵來吸引市場注意力，無非就是想測試買盤力量，為其後的拉升或出貨做好準備。圖 1-4 為滬深 A 股漲幅排名資訊。

第三，震盪盤整吸籌。在震盪整理過程中，如果個股莫名其妙地開

▲ 圖 1-4　滬深 A 股漲幅排名資訊

高，並且交易量不大，隨後又無聲無息地任股價自行滑落，這可能是主力在做開盤價。主力經由製造開高走低的 K 線圖，可以恐嚇部分持股者在隨後的震盪過程中出場。

第四，拉高吸籌。股票開高也可能是主力在採用打壓策略而不易獲得籌碼的情況下，反手所採取的高價收購的策略。其思路是：當股價開高甚至漲停後，必然會引起死氣沉沉的持股者注意，而當漲停板被打開或股價衝高回落之時，洶湧的賣盤就會接連掛出，正好落入主力口袋，這一現象主要發生在股票的底部區域，特別是新股的底部區域。

2. 開平

開平是最常見的開盤方式，但還是要格外注意成交量大的平價開盤。成交量大，是相對於同期的成交量來說的，比如開盤第一筆的成交量就達到前一個交易日成交量的1/10。這種開盤現象常常有兩種可能，具體如下所述。

第一，主力與大戶之間的一次內線交易。大戶與主力相識，由於種種原因需要將籌碼兌現，與主力協商後在集合競價時間段交易。

第二，主力用幾個帳戶對倒開盤。主力利用自己的多個帳戶對倒放人量開盤，以此吸引市場投資人，特別是短線投機者的注意力。對倒開盤說明主力有所動作，值得投資人關注，但此時還無法確定主力是想向上大幅拉升股價，還是想誘多出貨。

在股票的分時走勢圖中，可以看到股票當前交易日的成交明細，如圖1-5所示的是電工合金（300697）2021年4月14日的成交明細。明細中可以看到，9:15至9:25時電腦接收股票集合競價明細，9:30時可以看到連續競價明細，即開盤成交價格及成交量。

▲ 圖1-5　電工合金（300697）2021年4月14日的成交明細

3. 開低

如圖 1-6 所示的是華西證券（002926）2020 年 11 月 12 日至 2021 年 4 月 14 日的日 K 線圖。2021 年 1 月 15 日，該股收盤價為 11.82 元；2021 年 1 月 18 日開盤價為 11.46 元，即開低。

▲ 圖 1-6　華西證券（002926）日 K 線

開低很多的開盤，常有以下 3 種原因。

第一，內線交易。主力的朋友或利益相關者可能需要拿一些低價籌碼，因而主力就會安排其在集合競價的狀態下進行交易，俗稱「發紅包」。

這種現象意味著主力遲早會拉升股價，或者當天就會拉升股價。所以，開低很多的開盤現象值得投資人關注，這從當日「今日跌幅排名」中可以找到蛛絲馬跡。它的特徵是：開低後股價瞬間回位，可能繼續前

一個交易日的走勢，也可能馬上就上漲。

第二，震倉或吸籌。在股票階段性上漲時，經由使股價開低走低的方式，主力可以誘使賣盤出來，以達到震倉目的。震倉過程可能只有幾十分鐘，也可能持續幾天，這要看主力的計畫和策略。如果當時的買盤比較積極，股價可能當天就能還原；如果沒有出現適當的成交量，則說明主力沒有逼出賣盤，後面會繼續震倉。

此外，打壓吸籌也是主力常用的一種方式，只是它常出現在股票的底部區域。震倉的目的是使震出的股票主要被市場中的其他投資人接走，以此提高持倉成本，便於後面高股價的穩定；吸籌的目的是使震出的股票，主要被主力所吸收。

第三，出貨。開低出貨是最常見的出貨方式之一，識別它的前提是個股前期漲幅過大，至於漲幅何謂大、何謂小，每支股票不能一概而論，需要投資人加以分析。當主力要出貨時，有時會出現不顧一切的砸盤動作，開低甚至跌停開盤都很正常。

1-2-2　收盤價

收盤價作為一天交易的總結，往往是全天交易最集中、多空較量最激烈的一段時間，對下一個交易日的盤面走勢有重要的指標作用。

在股市中，成交量與股價的關係（簡稱量價關係）歷來受到技術分析派的重視。而在成交價的四個重要指標（開盤價、最高價、最低價和收盤價）中，最重要的就是收盤價。這是因為計算各種技術指標時，往往用得最多的是收盤價。

此外，尾盤是多空一日拼鬥的結果，開盤是序幕，盤中是過程，收盤才是定論。在股市中，臨收市前半小時甚至15分鐘的變化，往往對

第二個交易日開盤及前一個小時的走勢有一定的影響。所以收盤價有一種承前啟後的特殊意義,既能回顧前市,又可預測後市。

1-2-3　最高價

最高價是指股票在每個交易日,從開市到收市的交易過程中,所產生的最高價格。需要注意的是,股市有漲停板制度,即為了減少股市交易的投機行為,規定每支股票每個交易日的漲跌幅度,達到上漲上限幅度的,就稱為漲停。(編按:台灣現行法規為,上市上櫃掛牌股票當天股價最高限制價格,是以前一日收盤價的10%為限。)

1-2-4　最低價

最低價是指股票在每個交易日,從開市到收市的交易過程中所產生的最低價格。需要注意的是,股市也有跌停板。(編按:台灣現行法規為,上市上櫃掛牌股票當天,股價下跌至低於前一日收盤價的10%時,成交價格就不能再繼續往下了。)

1-3 可用型態或時間來分類K線

K線按不同的標準來分,可以劃分為不同類型,以下作具體講解。

1-3-1 按型態來分類

按型態來分類,K線可以分為3種,分別是陽線、陰線和同價線。

1. 陽線

即收盤價高於開盤價的K線,陽線按實體大小可分為大陽線、中陽線和小陽線,如圖1-7所示。

2. 陰線

即收盤價低於開盤價的K線,陰線按實體大小可分為大陰線、中陰線和小陰線,如圖1-8所示。

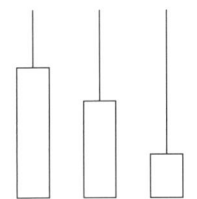
▲ 圖 1-7　大陽線、中陽線和小陽線

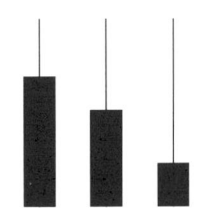
▲ 圖 1-8　大陰線、中陰線和小陰線

3. 同價線

同價線是指收盤價等於開盤價，兩者處於同一個價位的一種特殊形式的 K 線，同價線常以「十」字形和「T」字形表現，所以又稱十字線和 T 字線。同價線依照上、下影線的長短、有無，又分為長十字線、十字線、T 字線、倒 T 字線和一字線，如圖 1-9 所示。

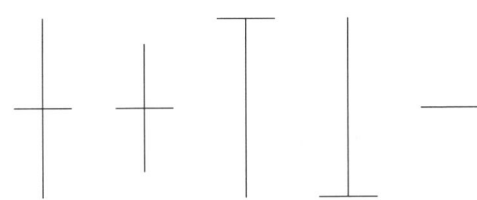
▲ 圖 1-9　長十字線、十字線、T 字線、倒 T 字線和一字線

1-3-2　按時間來分類

按時間來分類，K 線可分為兩種類型，即短週期 K 線和中長週期 K 線。其中，短週期 K 線包括 1 分鐘 K 線、5 分鐘 K 線、15 分鐘 K 線、30 分鐘 K 線、60 分鐘 K 線、日 K 線等。

以下舉例某炒股軟體，在日 K 線圖狀態下，按一下工具列，彈出下拉式功能表，如圖 1-10 所示。

▲ 圖 1-10　日 K 線圖的週期下拉式功能表

在下拉式功能表中，按下「30 分鐘」選項，就可以看到上證指數的 30 分鐘 K 線圖，如圖 1-11 所示。

▲ 圖 1-11　上證指數（000001）的 30 分鐘 K 線

中長週期K線包括週K線、月K線、季K線、年K線。

在下拉式功能表中，按下「年線」選項，就可以看到上證指數的年K線圖，如圖1-12所示。

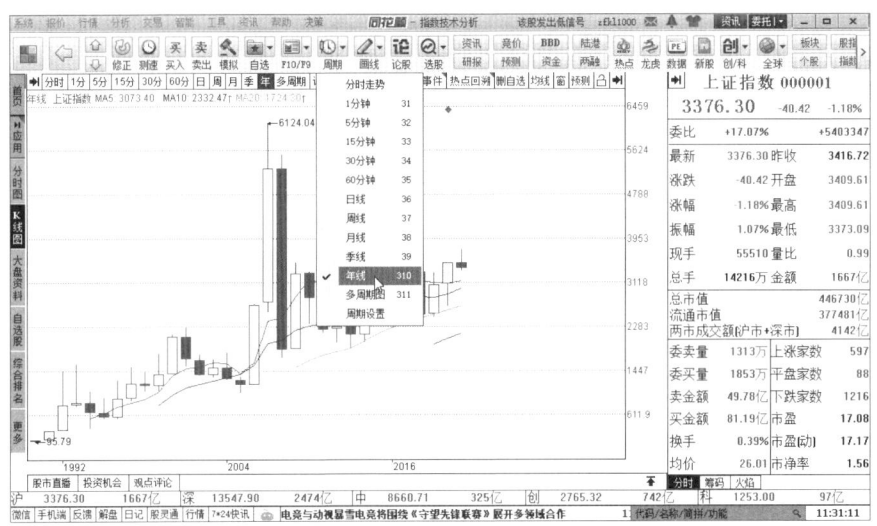

▲ 圖1-12　上證指數（000001）的年K線

不同的K線有不同作用，短週期K線反映的是股價短期走勢；長週期K線反映的是股價超中長期走勢。

所有K線的繪製方法都相同，即取某一時段的開盤價、收盤價、最高價、最低價進行繪製。如週K線，只需找到週一的開盤價、週五的收盤價，一週中的最高價和最低價，就能把K線繪製出來。

今日電腦軟體已相當普及，不需要手工繪製各種K線圖，但投資人最好懂得其原理及繪製方法，對研究判斷股票走勢很有幫助。

1-4 從強勢到無勢的 4 種 K 線

一幅連續的 K 線分析圖，是由無數的 K 線所組成的，而每根 K 線都有其自身的含義。K 線可以分為強勢 K 線、較強勢 K 線、弱強勢 K 線和無勢 K 線。

1-4-1 強勢 K 線的識別

強勢 K 線共有 4 種類型，分別是光頭光腳陽線、光頭光腳陰線、大陽線和大陰線。這些強勢 K 線若出現在趨勢的末端，則很可能盛極而衰，如圖 1-13 所示。

- 光頭光腳陽線：意味著極端強勢上漲，後市看多。
- 光頭光腳陰線：意味著極端強勢下跌，後市看空。
- 大陽線：意味著強勢上漲，後市看多。
- 大陰線：意味著強勢下跌，後市看空。

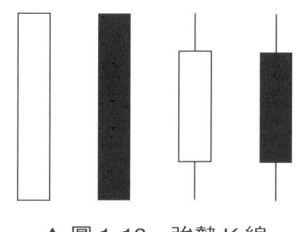

▲ 圖 1-13　強勢 K 線

1-4-2　較強勢 K 線的識別

較強勢 K 線共有 4 種類型，分別是光頭陽線、光頭陰線、光腳陽線和光腳陰線。這些較強勢 K 線若出現在趨勢的末端，則已顯示疲軟之勢，如圖 1-14 所示。

- 光頭陽線：意味著較強勢上漲，影線表示曾一度遭遇空方反擊。
- 光頭陰線：意味著較強勢下跌，影線表示曾一度遭遇多方反擊。
- 光腳陽線：意味著較強勢上漲，影線表示遇到空方反擊。
- 光腳陰線：意味著較強勢下跌，影線表示遇到多方反擊。

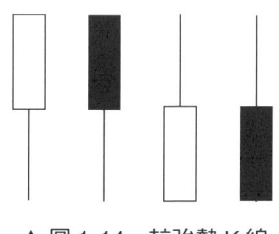

▲ 圖 1-14　較強勢 K 線

> **專家提醒**
> 這4種K線說明對方曾經反擊過，儘管尚未成功，但要注意反擊已經開始。

1-4-3 弱強勢K線的識別

　　弱強勢K線從圖形上來看是四種，其實是兩種，如圖 1-15 所示，1 和 2 是一種，3 和 4 是一種。如果弱強勢K線出現在趨勢的末端，往往有變局的意味。

　　1 和 2 如果出現在連續上漲的頂部，稱為上吊線，表示曾遇到劇烈反擊，後市有變；如果出現在連續下跌的底部，則稱為錘子線，也表示曾遇到劇烈反擊，後市有變。

　　3 和 4 如果出現在連續上漲的頂部，稱為射擊之星或流星線，意味摸高受阻，後市有變；如果出現在連續下跌的底部，則稱為倒錘子線，意味曾經大漲，後市有變。

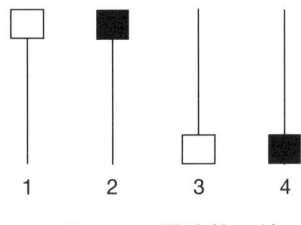

▲ 圖 1-15　弱強勢K線

> **專家提醒**
>
> 弱強勢K線都有較長的影線,出現在連續運動後,說明對手劇烈反擊過,後市有變。

1-4-4　無勢K線的識別

無勢K線表示趨勢僵持不下,但如果出現在趨勢的末端,比前面的大陰陽線,則更有變局之意,如圖1-16所示。

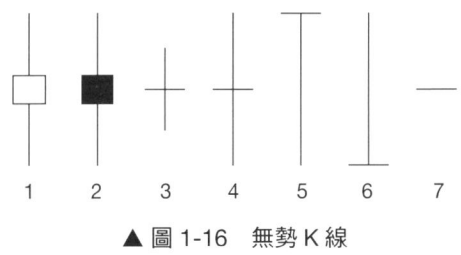

▲ 圖1-16　無勢K線

1、2和3分別表示小陽線、小陰線、十字星線,當它們出現時,一般不能確定後市運動方向。但在連續上漲後出現,說明漲勢停頓,後市有變;在連續下跌後出現,說明跌勢停頓,後市有變。

4為長十字線,又稱為長十字星線,其意義與十字星線一樣,但疲軟的性質和僵持的意義更強烈。

5如果出現在連續上漲的頂部,稱為風箏線,這表示遇到劇烈反擊,後市有變;如果出現在連續下跌的底部,則稱為多勝線,也表示曾遇到劇烈反擊,後市有變。

6如果出現在連續上漲的頂部,稱為靈位線,這表示摸高受阻,後

市有變；如果出現在連續下跌的底部，則稱為空勝線，這表示遇到過劇烈反擊，後市有變。

> **專家提醒**
>
> 上面這6種無勢K線，說明多、空雙方僵持不下，失去方向感。但在連續漲、跌勢的末端，則往往意味著情況不妙。

7為一字線，說明開盤價、收盤價、最高價、最低價在同一價位，出現於股市中的漲跌停板處。

整體來說，陽線實體越長，越有利於價格上漲；陰線實體越長，越有利於價格下跌。但連續強勢上漲後，須謹防盛極而衰；連續強勢下跌之後，可能否極泰來。

如果影線相對實例來說非常小，可以忽略不計，即等同於沒有；如果影線很長，則說明多、空雙方爭鬥非常劇烈，後市不確定。十字星的出現往往是過渡訊號，而不是反轉訊號，它意味著市場暫時失去方向感，投資人可以再繼續觀察幾個交易日。

1-5 分析 K 線時該有的正確觀念

　　初學 K 線，不能只看表面現象，K 線在不同位置、不同時間，所傳遞的訊息不同，具體如下所述。

　　第一，市場中沒有放之四海皆準的方法，利用 K 線分析股市也僅僅是經驗性的方法，不能迷信。

　　第二，分析 K 線必須結合關鍵位置上的表現，即要看股價在支撐位、壓力位、成交密集區、有意義的整數區、絕對高位、相對高位、絕對低位、相對低位等關鍵位置的表現形式。

　　第三，K 線分析方法必須與其他方法相結合，已經用其他分析方法做出買賣決策後，再用 K 線選擇具體的出入市時機。

　　第四，注意對關鍵 K 線的分析，即對大陽線、大陰線及重要的 K 線組合的分析，另外還要關注重要 K 線的成交量。

　　第五，分析時要看一系列 K 線的重心走向，也就是 K 線均價的走向。

　　第六，根據自己的實戰經驗，加深認識和理解 K 線和 K 線組合的內在和外在意義，並在此基礎上不斷修改、創造和完善一些 K 線組合，做到「舉一反三，觸類旁通」。

總之，對於K線，最重要的是它的相對位置，不同位置意味著不同價格區間；其次它是什麼模樣，即是帶影線還是不帶影線、多長或多短等；最後才是它的顏色，是陰線或者陽線，千萬不要因為大陽線或大陰線就匆忙下結論。

有時，對於連續出現的幾根K線，也許不容易識別其意義。我們不妨做些簡化或壓縮工作，經由將連續的幾根K線簡化成一根K線的形式，能更直觀地瞭解價格運動的本質，如圖1-17所示。

簡化K線的方法具體如下所述。

第一，取第一根K線的開盤價，作為簡化後的開盤價。

第二，取所有K線中的最高價，作為簡化後的最高價。

第三，取所有K線中的最低價，作為簡化後的最低價。

第四，取最後一根K線的收盤價，作為簡化後的收盤價。

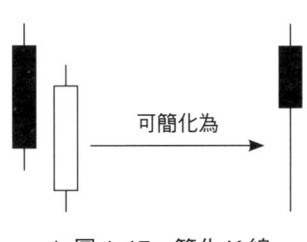

▲ 圖1-17　簡化K線

簡化K線的目的，是讓我們更直觀、更清楚地認識K線，從而瞭解K線的本質。但要注意，並不是所有的相鄰K線都可以簡化，如圖1-18所示。

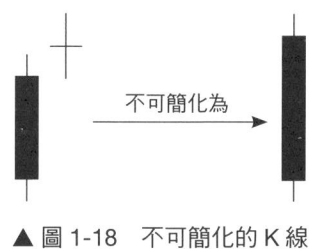

▲ 圖 1-18　不可簡化的 K 線

　　隨著炒股時間的增加，投資人一旦明白 K 線的本質，就沒有必要做簡化動作了。

1-6 一張表帶你看懂 K 線組合型態

1-6-1　K線組合

單根K線在實戰運用過程中，往往會發出錯誤的訊號，但如果將幾根K線按不同的規則組合在一起，就會形成不同的K線組合。K線組合可以傳遞更多訊息，投資成功率就會大大提升。

底部看漲K線組合出現時，告訴投資人股價很快就會上升，要趕快建倉；頂部看跌K線組合出現時，告訴投資人風險已變大，要及時獲利了結。

K線組合方式多種多樣，實戰價值最高的有希望之星、黃昏之星、紅三兵、黑三鴉、塔形頂、塔形底等經典組合。經由掌握K線組合，投資人可以增強盤感，從而提升自己洞察盤面、捕捉交易訊號的能力。

> **專家提醒**
> 各種經典K線組合，後面章節會詳細講解，這裡不再展開。

1-6-2　K線型態

K線型態分析源於西方的技術分析。眾所周知，K線圖是記錄股票價格的一種方式，股價起起落落時，都會在圖形中留下一些交易者購買或拋售的痕跡。K線型態分析就是根據圖形中過去所形成的特定價格型態，預測價格未來發展趨勢的一種方法。當然，這是一種純粹的經驗性統計，因為在股票購買或拋售的過程中，K線圖常常會表現出一些可以理解的、重複的價格型態，如M頭、W底等。

股價的運行總是伴隨著上漲和下跌，如果在某一時期趨勢向上，雖然有時出現下跌卻不影響升勢，即股價不斷創出新高，使投資人看好後市；如果在某一時期趨勢向下，雖然有時出現上漲卻不影響跌勢，即股價不斷創出新低，使投資人看淡後市。

從一種趨勢向另一種趨勢轉換，通常需要一段醞釀時間，在這段時間內，趨勢如果轉換成功，就是反轉型態；如果轉換不成功，即還依照原來的趨勢運行，就是持續型態。K線型態如圖1-19所示。

1. 反轉型態

反轉型態的形成，起因於多空雙方力量失去平衡，變化趨勢中，一方的能量逐漸被耗盡，另一方轉為相對優勢。它預示著趨勢方向反轉，股價在多空雙方力量平衡被打破之後，正在探尋新的平衡。在股市中，反轉型態是重要的買入或賣出訊號，投資人有必要掌握並靈活運用它。

反轉型態分為兩類，即底部反轉型態和頂部反轉型態。底部反轉型態共6種，即頭肩底、雙底、三重底、圓底、V形底、底部島形反轉。頂部反轉型態也有6種，即頭肩頂、雙頂、三重頂、圓頂、V形頂、頂部島形反轉。

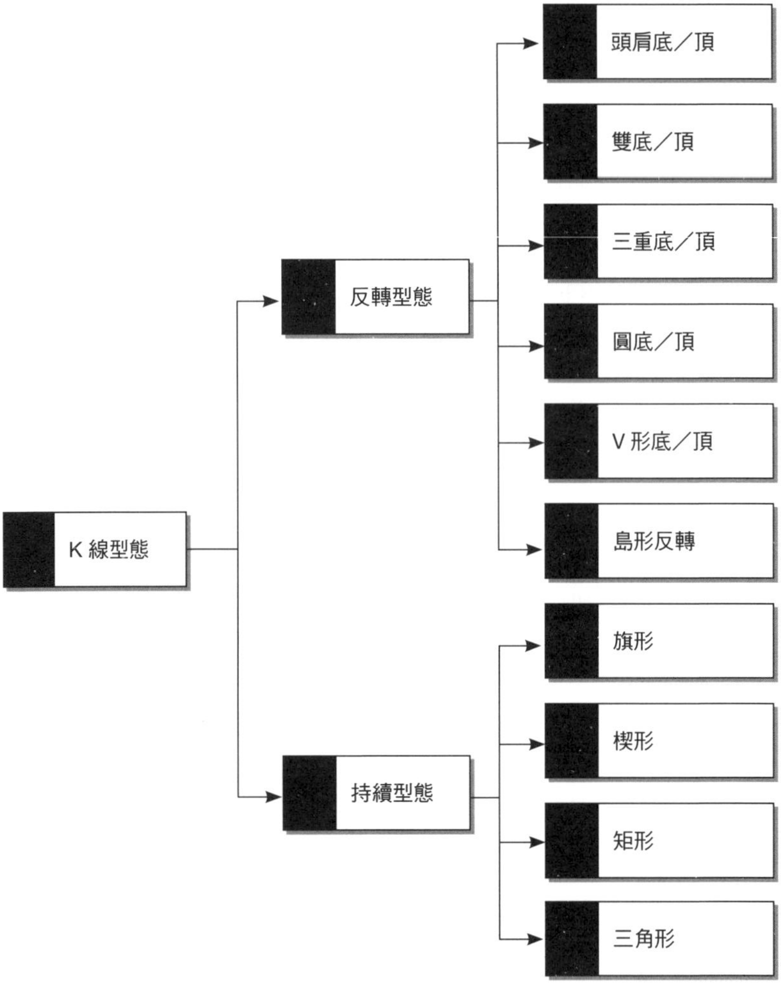

```
                              ┌─── 頭肩底／頂
                              │
                              ├─── 雙底／頂
                              │
                              ├─── 三重底／頂
                   ┌─ 反轉型態 ─┤
                   │          ├─── 圓底／頂
                   │          │
                   │          ├─── V 形底／頂
                   │          │
                   │          └─── 島形反轉
        K 線型態 ─┤
                   │          ┌─── 旗形
                   │          │
                   │          ├─── 楔形
                   └─ 持續型態 ─┤
                              ├─── 矩形
                              │
                              └─── 三角形
```

▲ 圖 1-19　K 線型態

2. 持續型態

　　股價在向某個方向經過一段時間快速運行後，不再繼續原趨勢，而是在一定區域內上下窄幅波動，等時機成熟後再繼續前進。這種不改變股價運行基本走勢的型態，被稱為持續型態。

持續型態的完成過程，往往不會超過 3 個月，而且多數出現在日 K 線圖上，週 K 線圖上很少出現，在月 K 線圖中幾乎沒有出現過。持續時間不長的原因是，持續經不起太多的時間消耗，士氣一旦疲軟，則繼續原有趨勢就會產生較大的壓力。

　　對於持續型態，如果你是中長線投資人，在整個持續型態中可以不進行操作，等形勢明朗後再具體操作。但對於短線投資人來說，不可以長達 3 個月不進行操作，而應以 K 線的逐日觀察為主。

　　也就是說，當股價在這些型態中來回折返的時候，也會產生很多次短線交易機會。因此，短線投資人對長期價格型態並不在意，而僅僅是對某些重要的突破位比較在意。

　　持續型態共有 9 種，分為 3 類，第一類是經過短暫的持續後，股價向上突破，如上升三角形、上升和下降楔形；第二類是經過短暫的持續後，股價向下突破，如下降三角形、下降旗形、上升楔形和擴散三角形；第三類是在持續過程中，多空雙方力量勢均力敵，不能確定是向上突破還是向下突破，一切都由盤面而定，如收斂三角形和矩形。

1-7 用 3 個技巧快速學會看 K 線

面對型態各異的 K 線及其組合，投資人有時很迷惑。看漲時不漲，看跌時不跌，或看對了方向，但沒有抓住賺錢的機會，這正是投資人沒有正確認識和熟練運用 K 線的結果。

若想真正發揮 K 線威力、快速看懂 K 線圖，需要注意三點，分別是看 K 線的陰陽、數量及重心方向；看 K 線實體大小及上下影線長短；看 K 線要關注成交量，如圖 1-20 所示。

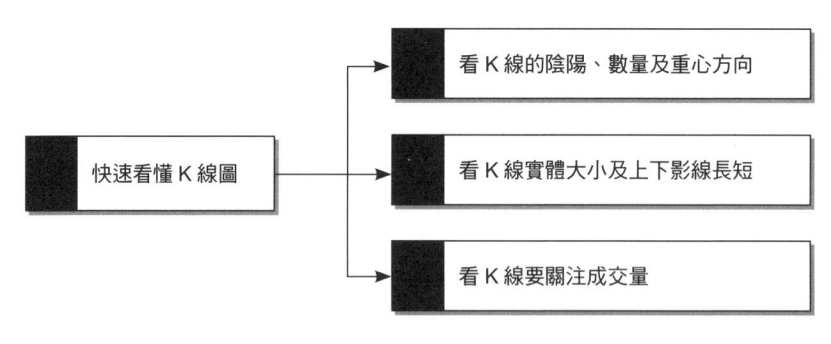

▲ 圖 1-20　如何快速看懂 K 線

1-7-1　看 K 線的陰陽、數量及重心方向

　　陰陽代表多空雙方的力量變化對比，象徵股價行情趨勢的上漲和下跌。陽線代表多方力量強於空方力量，表示股價處於上升行情中，並可能繼續上漲；陰線代表空方力量強於多方力量，表示股價處於下跌行情中，並可能繼續下跌。

　　以陽線為例，經過一段時間的多空雙方搏鬥之後，收盤時若收盤價高於開盤價，表示多方力量佔據上風，在沒有外力作用下，股價仍可能按照原來的方向和速度運行，一段時間內可能繼續慣性上行。

　　因此，陽線預示著後市股價仍會繼續上漲。這符合技術分析中三大假設之一的價格呈趨勢性波動，這種趨勢性即「順勢而為」，正是技術分析中最應該遵守的操盤理念。

> **專家提醒**
>
> 技術分析的三個基本假設，分別是市場行為包容消化一切、價格以趨勢方式演變、歷史會重演。

　　一般來說上漲行情中，陽線數量若要多於陰線，這時股價的重心是向上的，預示著價格仍可能繼續慣性上漲，投資人手中的籌碼如果繼續持有，就可以實現躺著賺錢了。

　　反之，在下跌行情中，陰線數量若多於陽線，這時股價的重心是向下的，預示著價格仍可能繼續慣性下跌。手中還有籌碼的投資人要及時停損，否則虧損會越來越大，如圖 1-21 所示。

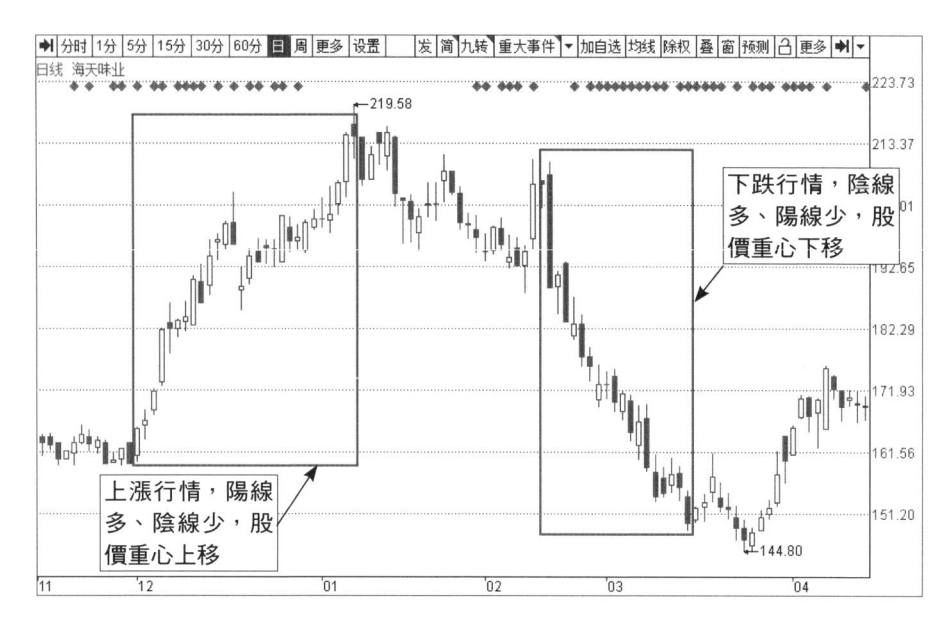

▲ 圖1-21　海天味業（603288）2020年11月13日至2021年4月15日的日K線

1-7-2　看K線實體大小及上下影線長短

　　大陽線、大陰線、小陽線、小陰線、十字星等各式各樣的K線構成了一個複雜的股市，又因為各種K線組合的不同、各種K線的分析週期不同，記錄著不同的股市行為，還在一定程度上預示著行業未來的發展趨勢。

　　實體大小代表股市行情發展的內在動力，實體越大，上漲或下跌的趨勢越明顯；反之，趨勢不明。以陰線為例，陰線的實體越長，說明空頭的力量越強大，代表著下跌動能越大，其下跌動能大於實體較小的陰線。同理，陽線實體越大，上漲動能越大。

　　影線代表可能的轉折訊號，向一個方向的影線越長，越利於價格向相反方向變動，即上影線越長，越利於股價下行；下影線越長，越利於

股價上行。以上影線為例，經過一段時間的多空搏鬥之後，多頭終於在重壓之下敗下陣來，不論 K 線是陰還是陽，長上影線已構成下一階段的上漲壓力，價格向下運行的可能性更大。同理，下影線暗示著價格向上攻擊的可能性更大，如圖 1-22 所示。

▲ 圖 1-22　雅克科技（002409）2020 年 12 月 11 日至 2021 年 4 月 15 日的日 K 線

1-7-3　看 K 線要關注成交量

成交量代表的是股市資金力量的消耗，表示多空雙方搏鬥的動能大小和激烈程度，而 K 線是搏鬥的結果。只看 K 線不關注成交量，就無法對股價後期的走勢作出正確的判斷。成交量是動因，K 線是結果，要想瞭解每根 K 線的內在動能大小，必須結合成交量來分析。如圖 1-23 所示，為海天味業（603288）2020 年 11 月 16 日至 2021 年 4 月 15 日的

日 K 線和成交量。

　　例如出現大陰線，表示下跌力量很強，價格繼續下跌的可能性很大。再結合成交量來分析，這一天成交量也很大，表示多空雙方激烈搏鬥之後，空方力量完勝，後市繼續下跌的可能性很大。因此手中還有籌碼的投資人最好及時賣出，然後持續觀望。

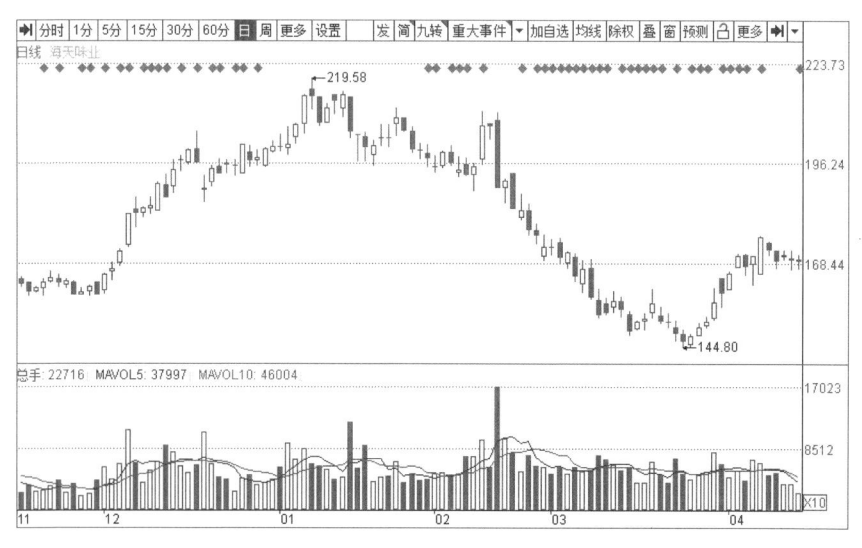

▲ 圖 1-23　海天味業（603288）日 K 線和成交量

1-8 帶你從 K 線看個股和大盤趨勢

K 線作用很大,利用 K 線可以判斷大盤或個股的大勢,下面來詳細講解如何利用 K 線識大勢。

想利用 K 線瞭解大盤、個股運行趨勢,只有登高遠眺,然後從大到小、由粗到細詳細觀察,才能如願以償。例如,要查看某支股票時,先看它的月 K 線、季 K 線,甚至年 K 線,就可以對該股票的整體運行情況有所瞭解。然後再看其週 K 線、日 K 線,還可以放大一些重點部分。近期趨勢則要看它的 60 分鐘 K 線、30 分鐘 K 線,甚至 5 分鐘 K 線。

這樣由大到小、由粗到細查閱和研究 K 線圖有何好處呢?

經由查看大盤的年 K 線或月 K 線,就可以瞭解大盤 20 年來究竟是如何走的。

例如,月 K 線 5 連陰,就要想到會出現一次報復性反彈,甚至反轉,所以投資人看到月線 5 連陰後,不要再盲目斬倉。

又如,看到某月的月 K 線實體特別長,技術上稱為巨陽線,巨陽線之後就是一輪持續的下跌,原因是短期內升幅過大,透支了未來行情,當然要整理。所以投資人看到巨陽線後要心中有數,無論當時日 K 線

走勢有多好都是表面現象，總體整理趨勢是不會改變的，這時一定要逢高減倉或退出觀望。

另外，投資人從月K線上還可以看到大盤現在的技術圖形，如頭肩頂、雙頭、雙底、頭肩底，並且能夠明確技術圖形的頸線在什麼位置，密集成交區在什麼位置等等，這些都是投資人需要注意的。K線技術圖形在後面章節會詳細講解，這裡不再多說。

總之，投資人不能只看日K線，因為這樣有點坐井觀天的味道。也不能看日K線、週K線、月K線時不去互相對照、重點分析，讓查看K線圖始終處於一種無序狀態。如果這樣，投資人就不能瞭解大盤或個股的整個運行趨勢，更不能感受K線的作用和魅力。

> **專家提醒**
>
> 分析某支股票時，可以把它與屬於同一板塊的個股相互對照；分析某一時期的強勢股時，可以把不同時期的強勢股K線圖拿出來互相對照。如此就可以發現一些別人看不見的東西，從而在實際操作時有巨大幫助，且獲利更高。

1-9 K線運用的注意事項

每一張K線圖都試圖向投資人做出手勢，告訴投資人市場正在發生的變化。

投資人只有靜下心來，才能看明白市場在告訴我們什麼，並且辨別訊息是不是主力的真正意圖。例如根據K線理論，某K線告訴投資人可以加倉跟進，但也有可能是主力在反技術操作，即誘多，這時投資人一旦加倉，就很可能被套。

K線不是一門科學，而是一種行為藝術和投資哲學的實踐，其本質是市場群體心理因素的集中反映。投資人可以掌握它的性，但把握不了它的度，它給每個人留下太多主觀判斷的空間。如果試圖量化它，則最終不得不陷入敗局。如著名的投資大師江恩，晚年也只記錄手法和操作規則，而不言其他。

在股票市場，沒有完美的分析技術，即任何技術都有其缺點，K線的缺點就是發出的錯誤訊號太多，當然優點也很明顯，就是可以賣個高價獲得較大的收益。所以投資人在利用K線技術進行操作時，分析K線不能拘泥於圖形，而要究其內在的本質，洞悉多空雙方的力量對比變化。

對於 K 線技術，投資人一定要在心中熟記常用的 K 線圖，並且明白其具體意義及發出的買賣訊號，然後再結合市場特徵、主力操作手法、其他分析技術綜合研判，最終作出買賣決定。

> **專家提醒**
>
> 任何技術都是在特定條件下運用才是正確的。

Chapter 2

在底部訊號出現時加碼，獲利最大、風險最小

2-1 底部有分長中短期，特徵各不同

無論大盤指數或個股，一旦走入熊市，最終的底部是很難預測的。但底部區域來臨時，具有豐富實戰經驗的理性投資人，可以憑知識和經驗做出正確判斷。一般而言，股市底部可分為三大類，分別是長期底部、中期底部和短期底部。

2-1-1 長期底部的特徵

長期底部，又稱大底，其形成有兩個重要前提。一是導致長期弱勢的基本面利空因素正在改變過程當中，無論利空因素消除速度的快慢，最終結果必須消除；二是在一個極低股價水準的基礎上，投資人的信心開始恢復。

長期底部最終形成，可能是利用某種利多題材促成的，但利多題材只是一個開頭，絕不是反轉的全部原因。只有市場存在空翻多的內在因素，才有走大牛市的可能性。如圖 2-1 所示的是上證指數大幅下跌後出現的長期底部。

第 2 章　在底部訊號出現時加碼，獲利最大、風險最小

▲ 圖 2-1　上證指數大幅下跌後出現的長期底部

　　長期底部的特徵共有 9 點，具體如下：

(1) 投資人普遍虧損

　　絕大多數投資人出現虧損，且虧損幅度在 50% 以上，甚至出現股民傾家蕩產的地步，即使主力機構也未能倖免。

(2) 股指快速下跌

　　當股指走勢形成頂部後，一旦趨勢反轉的跡象出現，即使股指連續下跌 20%，往往也不會出現反彈的行情。同時，在跌勢途中出現連續數日的巨幅陰線，促使股指快速下滑。

(3) 市場大面積跌停

　　在市場需要釋放空頭賣壓時，由於無人願意進場承接，往往會出現大面積的跌停現象，有時跌停的個股會達到股票總數的 70% 以上。

47

(4) 抗跌股補跌

當絕大數股票都已經深幅下跌，前期一些較為抗跌的強勢股票，也開始出現補跌行情。無論大盤藍籌股或績優股，紛紛開始破位下行。

(5) 股指連續破位

一些具有歷史意義、曾經被認為牢不可破的重要支撐位，往往被輕易擊穿。而股指的某些整數關口，也常常接連丟失，市場形成「熊市不言底」的狀態。

(6) 股民紛紛離場

在新股民開戶數量不斷下降的同時，舊股民開始不斷離場，同時部分股民發誓再也不進入股市。

(7) 融資功能衰竭

由於市場交易日趨低迷，使證券市場的融資功能出現衰竭的現象。此時往往會有政策性利多消息出現，但投資人普遍逢高減碼。

(8) 輿論反思不斷

「熊市思維」暢通無阻，股民對各種利多消息充耳不聞，同時怨聲載道；新聞輿論則不斷對股市現象進行反思或抨擊，促使政策改良。

(9) 末期成交量增加

在股市持續下跌時間超過一年，且下跌幅度超過 50% 後，如果市場上的成交量開始持續增加，表示有新資金開始進場，等想賣股票的投資人幾乎都賣光後，市場底部就會出現。即只有等到中長線籌碼和嚴重套牢盤不計成本地拋售，且市場出現巨大承接力量時，說明市場已經臨近長期的重要底部。

2-1-2 中期底部的特徵

中期底部一般是在跌勢持續時間較長、跌幅較深（下跌 30% 以上）之後才會出現的中級反彈。中期底部的出現不需要基本面因素的改變，但往往需要消息面的配合。即先利用重大利空使股價加速下跌，然後再利用利多消息，配合市場形成觸底反彈走勢。如圖 2-2 是深證指數大幅下跌後出現的中期底部。

▲ 圖 2-2　深證指數大幅下跌後出現的中期底部

中期底部的特徵共有五點，具體如下所述。

第一，個股往往經由半個月至兩個月的週期，形成頭肩底、W 底、V 形底、圓弧底等型態。

第二，股價常常運行在 45 日均線之上，即使出現回檔，也往往不

會有效跌破 90 日均線。

第三，股價回檔的幅度往往會比較深，但通常不超過前面上漲幅度的 50%。

第四，股價回檔的時間往往不會太長，通常不超過 2 個月。

第五，個股往往呈現出上漲有量而回檔無量的現象，說明市場賣壓較輕，主力沒有出場。

2-1-3　短期底部的特徵

短期底部是指股價經過一段時間的連續下跌之後，導致短期技術指標超賣，從而出現股價反彈的轉捩點。

短期底部以 V 形居多，在探出底部前常常出現 2～3 根比較大的陰線，然後出現見底的 K 線組合。如好友反攻、曙光初現、早晨之星等。圖 2-3 是深證指數下跌時出現的短期底部。

短期底部的特徵共有五點，具體如下所述。

第一，個股日 K 線圖上常常會出現帶有觸底反彈意義的 K 線，如長下影線或錘子線等。

第二，股價回落到 5 日、10 日、20 日均線時常獲得支撐，或快速上穿 5 日、10 日等均線。

第三，股價的回落幅度往往很小，回落時間以天來計算。

第四，由於時間太短，成交量可能放大也可能不放大，但基本上不會改變股價上升的趨勢。

第五，市場人氣比較旺盛，熱點持續不斷，人們仍然積極看多。

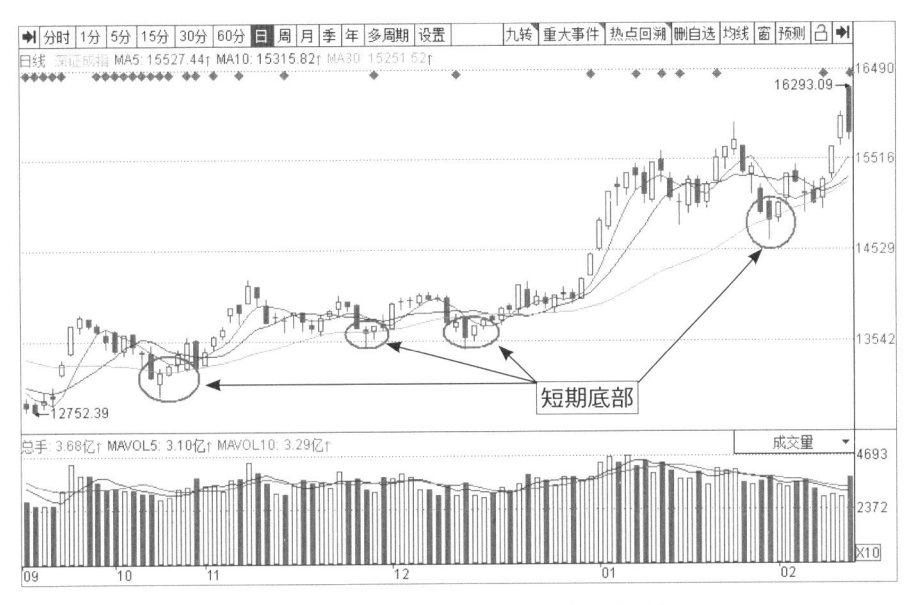

第 2 章　在底部訊號出現時加碼，獲利最大、風險最小

▲ 圖 2-3　深證指數下跌時出現的短期底部

2-1-4　小心別把下跌途中的腰部，當作是底部

　　沒有實戰經驗的投資人，常常把下跌途中的腰部當底部，這樣就上了主力的當，被主力套在高位。那麼投資人該如何理解股價的腰部、如何區分股價的腰部與底部呢？

　　一般來說，在下跌趨勢中，股價腰部的形成常常由以下三種原因造成。

　　第一，當大盤走勢不好時，由於基金掌控的股票往往無法控制股價的跌勢。而某些基金一旦認為大盤仍無法扭轉熊市的狀態，就會出現整理和減倉的動作。因此，現在的股價底部就會成為將來的股價腰部。

　　第二，當主力不願意在股價頂部繼續支撐時，就會暗中賣出籌碼並控制交易節奏，導致股價緩慢降到某一低位後好像會止跌回升。而事實

上，如果大盤有向上的趨勢，主力就會借反彈出貨；如果大盤繼續下跌，主力會快速出場。如此，現在的股價底部就會成為將來的股價腰部。

第三，某些主力急於出場，往往就會把其他投資人套在高位而無法與之競爭出貨，接著在低位製造一波反彈行情。等短線投資人蜂擁而至時，主力則乘機完成了籌碼的派發工作。如此，現在的股價底部就會成為將來的股價腰部。

投資人應該如何區分股價的腰部和底部呢？常用的方法有3種，具體如下：

第一，如果熊市已經來臨或正在進行中，則「底部」一說不成立，真正的股價底部可能遙遙無期。

第二，如果沒有經過下跌有量的過程，要想出現股價底部也是不切實際的，因為賣壓還沒有釋放。

第三，當股價從頂部跌下來時，如果連續跌幅沒有達到40%，則該股真正的反彈行情難以出現。即使股價下跌幅度較大且出現反彈行情，股價後期仍然會繼續下跌。

2-2 雙底型態的最佳買點，是向上突破頸線後

2-2-1　K線型態介紹

　　K線圖是記錄股票價格的一種方式，在股價起起落落的時候，它們都會在圖表中留下一些投資人買入或賣出的預兆。K線型態分析就是根據K線圖表中過去所形成的特定價格型態，來預測股價未來發展趨勢的一種方法。

　　當然，這是一種純粹的經驗性統計，因為在股票買入或賣出的過程中，K線圖常常會表現出一些可以理解、重複的價格型態，如M頭、W底等。

　　股價的運行總伴隨著上漲和下跌，如果在某一時期趨勢向上，雖然有時出現下跌但不影響升勢，即股價不斷創出新高，使投資人看好後市；如果在某一時期趨勢向下，雖然有時出現上漲但不影響跌勢，即股價不斷創出新低，使投資人看淡後市。

　　從一種趨勢向另一種趨勢轉換，通常需要一段醞釀時間，在這段時間內趨勢如果轉換成功，就是反轉型態；如果轉換不成功，即還按原來的趨勢運行，就是整理型態。

反轉型態的形成起因於多空雙方力量對比失去平衡，變化的趨勢中一方的能量逐漸被耗盡，另一方轉為相對優勢。它預示著趨勢方向的反轉，股價在多空雙方力量平衡被打破後，探尋新的平衡。在股市中，反轉型態是重要的買入或賣出訊號，所以投資人要掌握並靈活運用反轉型態。

反轉型態可以分為兩類，分別是底部反轉型態和頂部反轉型態。底部反轉型態共 5 種，分別是雙底、頭肩底、圓底、潛伏底、V 形底。頂部反轉型態共 4 種，分別是頭肩頂、雙頂、圓頂、尖頂。

2-2-2　雙底的 4 個特徵

雙底，因其形狀像大寫的英文字母 W，所以又稱「W 底」，是很多投資人所熟知的底部反轉型態之一。但投資人往往由於瞭解尚淺，只要見到 W 形狀都認為是雙底，而按照雙底的操作方法入場，最終的結果可想而知。下面就來具體講解該型態的形狀、特徵及技術含義。

雙底在構成前後有四個顯著的要素，可以作為投資人判定某股在某階段走勢是否為雙底的依據，具體如下：

第一，原有趨勢為下跌趨勢。

第二，有兩個顯著的低點且價位基本上接近，有跨度（即兩個點要相互呼應）。

第三，第二次探底的節奏和力度要有放緩跡象。

第四，有效向上突破頸線確認。

雙底圖形如圖 2-4 所示。

▲ 圖 2-4 雙底

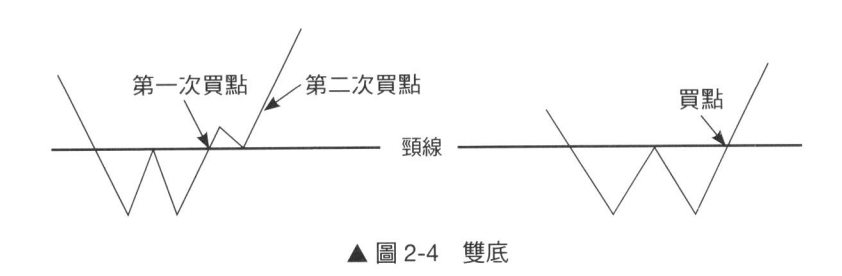

在實際判斷中，很多投資人最容易遺漏的是第一點，這也是最關鍵的一個點：原有趨勢為下跌趨勢。

2-2-3　判斷雙底型態的重點

形成雙底第一個底部後的反彈，幅度一般在 10% 左右，而在第二個底形成時，成交量經常較少且市況沉悶，因此很容易形成圓形的型態。而上破頸線時成交量必須迅速放大，雙底突破後常常有回測，在頸線附近自然止跌回升，從而確認向上突破有效。

在雙底型態中，第二個低點一般比第一個低點高，但也可能比第一個低點低。因為對於主力而言，探底必須要徹底，必須要跌到空頭恐慌、害怕，不去持股，才能達到低位建倉的目的。第一個低點與第二個低點之間的時間跨度不應少於 1 個月，如果時間太短，形成的雙底可靠性就不高，投資人要注意很可能是主力在誘多。

另外，要突破頸線成交量必須放大，但也不是越大越好，即要有明顯放量。這是因為在關鍵壓力位，多空雙方都有大戰，即空方認為不能突破頸線；而多方認為可以突破頸線。雙方在這裡大戰就必須放量，但放量太大很可能是主力利用對倒進行誘多，即自己拉高出貨，讓看多的散戶接盤。

> **專家提醒**
>
> 在股市中主力想放大成交量很容易，因為只需對倒就行，即自己賣給自己；但要想縮量就辦不到了，縮量是一種自然交易現象。在雙底的第一買點買入股票風險很大，一旦雙底失敗就會被套住。

在回測時成交量不能放大，要縮量，但成交量也不能太小。因為回測是主力在清洗短線獲利籌碼，不是主力在出貨。所以成交量不能放大，而要縮量。但也不能沒有成交量，沒有成交量表示主力清洗獲利籌碼不成功，主力還有可能進一步洗盤。

2-2-4 雙底型態的操作要點

投資人首先要明白，前面講解的雙底是一個標準圖形，而在實戰中標準的雙底圖形幾乎是不存在的。在具體操作中，投資人要注意技術含義的相似，而不能死套圖形。

雙底反轉型態的形成必須有一個首要條件，即股價在下跌趨勢中，如果股價已經經過大幅下跌，並且雙底形成的時間較長，一般會帶來一輪幅度較大的上漲行情；如果股價下跌幅度很小或只是在震盪整理，且雙底形成的時間較短，一般只能帶來一輪幅度較小的上漲行情。當然也可能是主力在反技術操作，在進行誘多散戶，這一點投資人要注意。

雙底的操作要點共有三項，具體如下：

(1) 有依據的入場點

在雙底走勢中，最有依據的買入機會是在向上突破頸線後，以及突破頸線後的回測確認，是否能夠入場或者說是否能按照雙底來入場，需要更多局部走勢與指標的配合來進一步判斷。

(2) 合理的停損位置

作為最有依據的停損價位,應該是雙底型態的底部,只有底部被向下突破,才能確認雙底型態的失敗。而在實際走勢中,可能雙底的幅度較大,導致直接以下破最低位作為停損設置的幅度偏寬。所以一般都以頸線為停損位置,即有效向下突破頸線,就停損出場。

(3) 理論上最小目標的計算

理論上最小目標為雙底型態幅度向上直接翻一倍的距離,但這只是最小距離,實際走勢中的幅度計算不只限於此。應該加以參考大型態上的走勢,主要看股價所處的大型態運行階段和節奏。

> **專家提醒**
>
> 在某些大型雙底型態中,由於整個雙底的執行時間很長,如果簡單地按照小型雙底的操作方式等候突破,可能需要等候很長的時間。這時就需要投資人經由局部走勢,預判接下來的行情。

2-2-5 雙底實戰案例分析

如圖 2-5 所示的是華能國際(600011)2020 年 2 月 21 日至 2020 年 8 月 21 日的日 K 線圖。其股價經過較大幅度、長時間下跌之後,在 2020 年 4 月 28 日創出 4.06 元低點,這時成交量很小。隨後股價開始震盪上漲,先是站上 5 日均線,然後站上 10 日均線,接著站上 30 日均線,要注意這一波上漲成交量是略放大的。

接著股價開始震盪,震盪之後又開始下跌,這一波下跌成交量也較小,出現第二個底,第二個底比第一個底價格高。隨後價格開始震盪上漲,然後在 A 處放量向上突破,即突破雙底頸線,這是第一個買點。

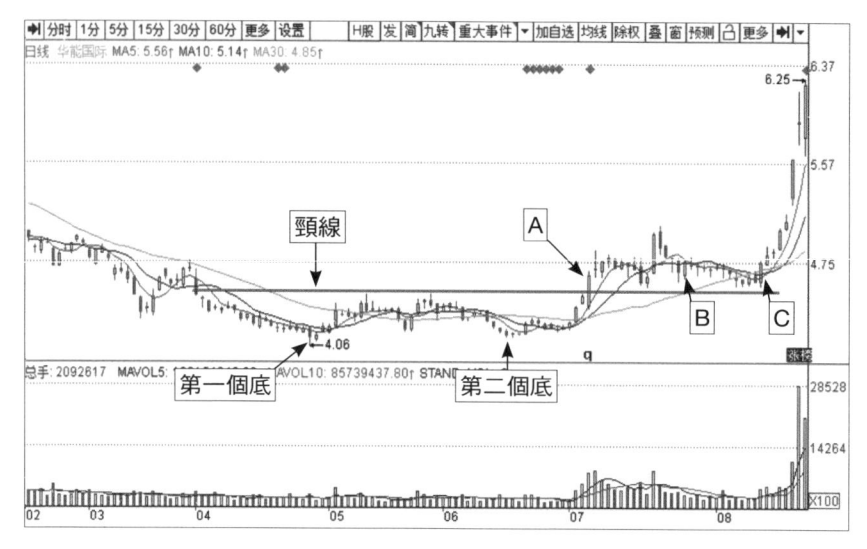

▲ 圖 2-5　華能國際（600011）日 K 線

接著股價在雙底頸線上方震盪盤整，出現兩個買點，即 B 和 C 處。要注意，震盪盤整後出現一波明顯的上漲行情。在週 K 線圖中，股價已經過大幅下跌後出現 W 底，由於跨度時間長，所以這個 W 底如果及時跟進，可以有不錯的獲利。

> **專家提醒**
>
> 如果突破頸線時沒有放量，很可能是假突破，投資人這時買進就會被套。

如圖 2-6 所示的是天壇生物（600161）2018 年 6 月 15 日至 2020 年 7 月 31 日的週 K 線圖。其股價在週 K 線圖中出現雙底型態，A 處突破是一個買點，回檔不跌破頸線又是新的買點，即 B 和 C 處。

第 2 章　在底部訊號出現時加碼，獲利最大、風險最小

▲ 圖 2-6　天壇生物（600161）週 K 線

下面再來看一下最小漲幅，從頸線到底部的距離為：23.20 元－16.80 元＝6.40 元，那麼理論上最小漲幅是：23.20 元＋6.40 元＝29.60 元。經由圖 2-6 可以看出，漲幅可不僅僅是這麼一點，所以投資人在這裡及時跟進，就可以獲利豐厚。

如果在月 K 線圖中，股價經過大幅下跌出現 W 底，更應該及時跟進，因為一般漲幅會比較大。如圖 2-7 所示的是生益科技（600183）2018 年 4 月至 2020 年 2 月的月 K 線圖。其股價在月 K 線圖中出現雙底型態，A 處突破是一個買點，回檔不跌破頸線又是新的買點，即 B 處。

> **專家提醒**
>
> 底部型態相對於頂部型態，形成的時間長，股價波動幅度小。形成時間長，是因為底部需要人氣和時間，所以投資人可以利用週 K 線圖或月 K 線圖來識別底部型態。

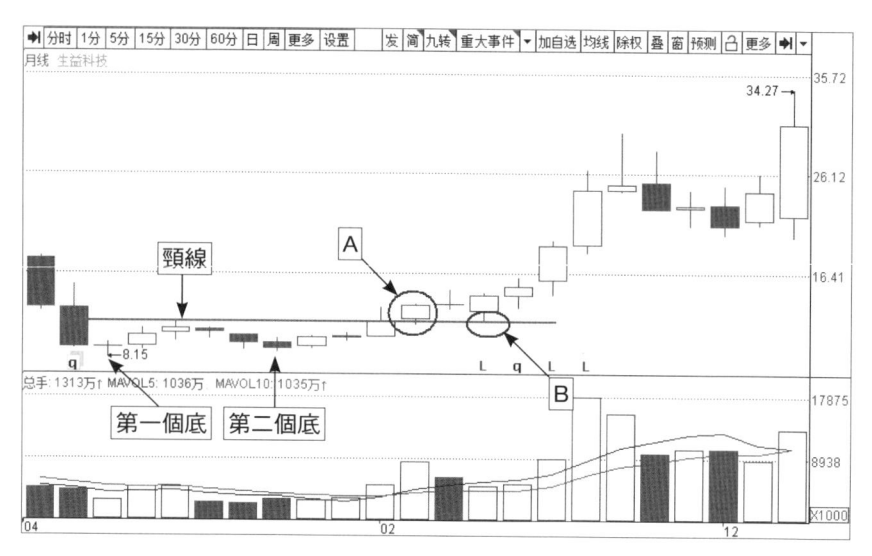

▲ 圖 2-7　生益科技（600183）月 K 線

當然有些有主力為了欺騙中小散戶，常常在週 K 線圖的頂部區域形成假的 W 底，對於這一點投資人要提高警覺。

如圖 2-8 所示的是太龍藥業（600222）2020 年 1 月 17 日至 2021 年 2 月 5 日的週 K 線圖。其股價經過一波上漲後創出 8.90 元高點，然後出現下跌，在震盪下跌行情中出現週 K 線雙底型態。要注意這是一個假的雙底，沒有突破頸線，最後又出現新一波下跌。

在下跌行情的初期或下跌過程中，股價出現反彈，反彈出現假雙底型態，對於這一點投資人也要特別注意。如圖 2-9 所示的是冠農股份（600251）2020 年 8 月 17 日至 2021 年 2 月 4 日的日 K 線圖。其股價經過一波上漲後創出 9.77 元高點，但在創出高點這一天，股價收一根螺旋線，即一根轉勢 K 線，所以投資人要注意減倉或清倉，以應對風險。

隨後股價開始震盪下跌，先是跌破 5 日和 10 日均線，然後跌破 30 日均線。跌破 30 日均線後出現反彈，反彈出現雙底型態，並且在 A 處有

第 2 章　在底部訊號出現時加碼，獲利最大、風險最小

▲ 圖 2-8　太龍藥業（600222）週 K 線

▲ 圖 2-9　冠農股份（600251）日 K 線

一個假突破。這是一個誘多雙底，投資人一定要看清楚，不要上主力的當，否則會損失慘重。

同理，在 B 處也出現雙底假突破，但最後還是跌了下去。所以投資人也一定要注意下跌行情反彈出現的假雙底，千萬不能被套在半山腰。

專家提醒

每個投資人都會有這樣的經歷，一旦被套就不動了，即所謂的長期投資。其實這裡也可以賣出，然後在更低價位再買進，就可以買進更多的股票，這要比所謂的長期投資好得多。其實股票市場中的每個投資人都可能被套，被套不可怕，怕的是什麼也不懂，硬要長期投資，等到股價已跌得不能再跌時、受夠了，只能「割肉」走人，這就是散戶損失的最主要原因。

2-3 頭肩底的停損時機，是型態頭部出現時

頭肩底是常見的經典的底部反轉型態，當個股中出現這種 K 線型態時，上漲的機率很大。

2-3-1　頭肩底的 4 個特徵

頭肩底的特徵共有四點，具體如下：

第一，急速下跌，隨後止跌反彈，形成第一個波谷，就是我們常說的「左肩」。

第二，從左肩底回升受阻股價再次下跌，並跌破左肩低點，隨後止跌反彈，這就是「頭部」。

第三，從頭部底回升在左肩頂受阻，然後第三次回落，並且在左肩底相同或相近的位置止跌，這就是通常所說的「右肩」。

第四，左肩高點和右肩高點用直線連接起來，就是一根阻礙股價上漲的頸線。但右肩反彈時，會在成交量放大的同時衝破該頸線，並且股價站上頸線上方。

頭肩底圖形如圖 2-10 所示。

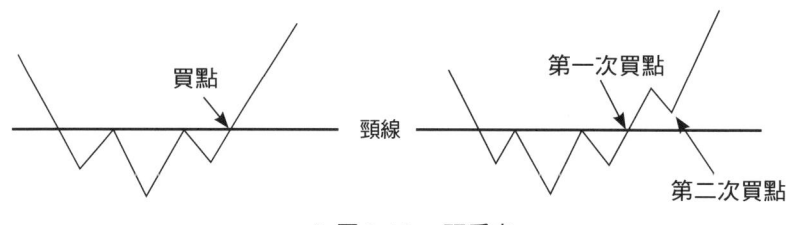

▲ 圖 2-10　頭肩底

> **專家提醒**
>
> 頭肩底是很常見的底部型態，投資人要認真學習和分析，並要能靈活應用。需要注意的是，若股價向上突破頸線時，成交量沒有顯著增加，很可能是一個「假突破」，這時投資人應逢高賣出，退出觀望。

2-3-2　頭肩底的判斷重點

在形成頭肩底型態的「左肩部分」時，成交量在下跌過程中出現放大跡象，在左肩最低點出現見底K線組合，從最低點回升時成交量有減少傾向，這表示主力開始吃貨。

在形成頭肩底型態的「頭部部分」時，成交量會有所增加。這表示主力為得到更多的廉價籌碼，就借利空消息和先以向下破位的方式，製造市場恐怖情緒，讓一些長期深套者覺得極端失望後大量出逃，主力就可以乘機把投資人低位「割肉」的籌碼照單全收。

形成頭肩底型態的「右肩部分」時，成交量在下跌過程中極度萎縮，而反彈時成交量明顯增加。這表示在下跌時已很少有人出貨，上升時則主力搶籌。

頭肩底的底部轉勢訊號比雙底強，因為雙底型態只經過兩次探底，對盤面的清理不如頭肩底那麼徹底乾淨，這也是雙底衝破頸線後一般要回檔確認的原因。

> **專家提醒**
>
> 判斷型態時，重點在於型態的圖形。而成交量可以配合，也可以不配合，但成交量配合表示主力操作成功，之後的升幅可能較大。

2-3-3 頭肩底的操作要點

投資人首先要明白，前面講解的頭肩底是標準圖形，而實戰中標準的頭肩底圖形幾乎是不存在的。具體操作時投資人要注意技術含義的相似處，不能死套圖形。

頭肩底與雙底反轉型態相同，必須有一個首要條件，即股價在下跌趨勢中。如果股價已經過大幅下跌，並且頭肩底形成的時間較長，一般會帶來一輪幅度較大的上漲行情；如果股價下跌幅度很小或只是在震盪整理，並且頭肩底形成的時間較短，一般只能帶來一輪幅度較小的上漲行情。當然也可能是主力在反技術操作，進行誘多散戶，這一點投資人要注意。

頭肩底的操作要點共有三項，具體如下所述。

(1) 有依據的入場點

在頭肩底走勢中，最有依據的買入機會是在向上突破頸線後，以及突破頸線後的回測確認，是否能夠入場或者說是否能按照頭肩底來入場，需要更多局部走勢與指標的配合來進一步判斷。

(2) 合理的停損位置

作為最有依據的停損價位，應該是頭肩底型態的頭部，只有頭部被向下突破才能確認頭肩底型態的失敗。而在實際走勢中，可能頭肩底的幅度較大，導致直接以下破最低位作為停損設置的幅度偏寬。所以一般都以頸線為停損位置，即有效向下突破頸線就停損出場。

(3) 理論上最小目標的計算

理論上最小目標為頭肩底型態幅度向上直接翻一倍的距離，但這只是最小距離，實際走勢中的幅度計算不只限於此，應該加以參考大型態上的走勢，主要看股價所處的大型態運行階段和節奏。

2-3-4　頭肩底實戰案例分析

如圖 2-11 所示的是西藏藥業（600211）2021 年 1 月 25 日至 2021 年 5 月 19 日的日 K 線圖。其股價經過大幅下跌後，在左肩底處主力開始建倉吃貨。主力為了得到更多廉價籌碼，就借利空消息和先以向下破位的方式，製造市場恐怖情緒，讓一些長期深套者覺得極端失望後大量出逃，主力就可以乘機把投資人低位「割肉」的籌碼照單全收，即頭部形成。然後為了清除短線投資人的浮動籌碼，又開始向下跌，即形成右肩。

要注意形成右肩時成交量很小，因為主力怕籌碼賣出去後買不回來，然後放量突破頸線，即 A 處。最後回檔確認，即 B 處，然後就一路上揚。投資人可以在頸線突破然後回落確認時買入，即 B 處。

在週 K 線圖中，股價經過大幅下跌後出現頭肩底，由於跨度時間長，所以這個頭肩底如果及時跟進，可以有不錯的獲利。如圖 2-12 所示的是黃河旋風（600172）2020 年 12 月 4 日至 2021 年 5 月 21 日的週 K 線圖。

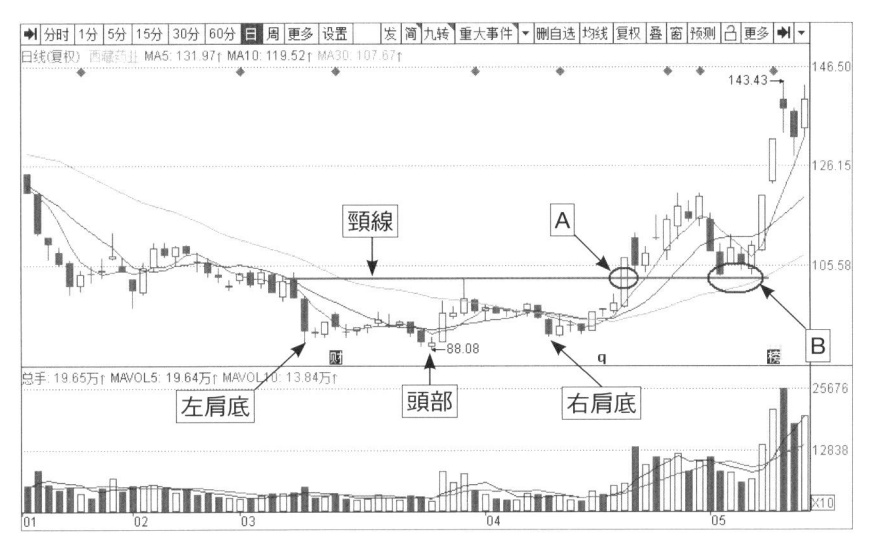

第 2 章　在底部訊號出現時加碼，獲利最大、風險最小

▲ 圖 2-11　西藏藥業（600211）日 K 線

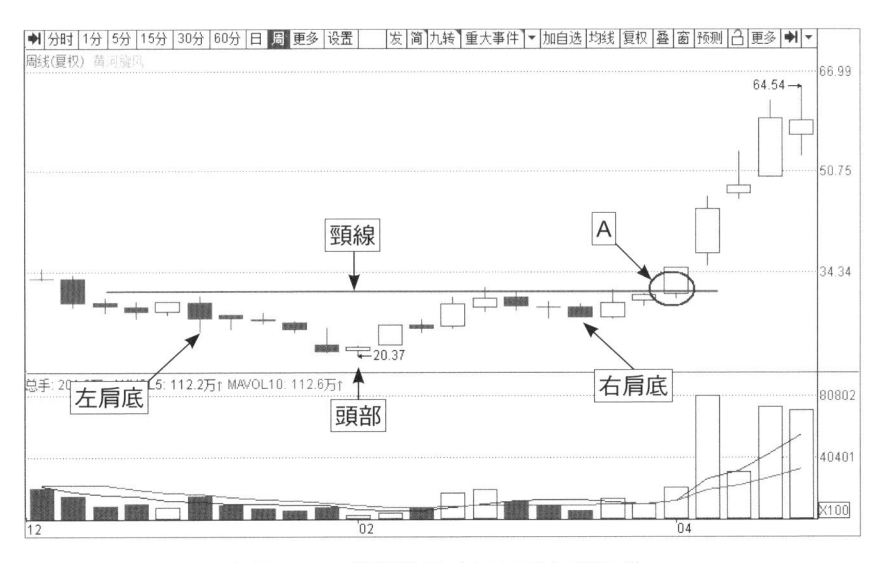

▲ 圖 2-12　黃河旋風（600172）週 K 線

其股價在週 K 線圖出現頭肩底型態，然後在 A 處突破頸線，所以 A 處是最佳的買入位置。要注意，這時的頭肩底型態沒有二次回測，沒有及時買進的投資人會錯過機會。

下面再來看一看最小漲幅，從頸線到頭部低點的距離為：31.54 元 −20.37 元 = 11.17 元，那麼理論上最小漲幅是：31.54 元 + 11.17 元 = 42.71 元。

經由圖 2-12 可以看出，漲幅可不僅是這麼一點點，所以投資人在這裡及時跟進，就可以獲利豐厚。在下跌行情的初期或下跌過程中，如果股價出現反彈，反彈出現假頭肩底型態，投資人也要特別注意。

如圖 2-13 所示的是空港股份（600463）2020 年 8 月 27 日至 2021 年 1 月 13 日的日 K 線圖。其股價經過一波上漲後創出 9.55 元高點，隨後股價開始下跌，先是跌破 5 日均線，然後一根大陰線跌破 30 日均線，股價進入空頭行情。

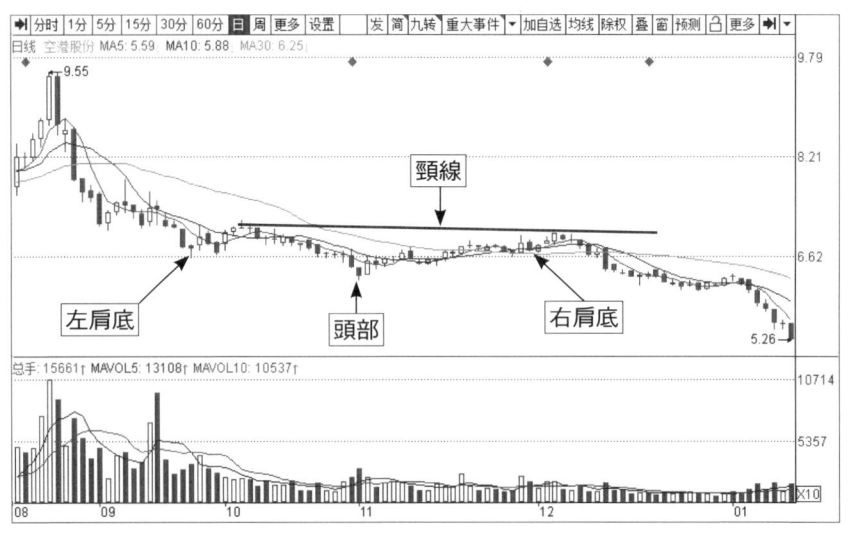

▲ 圖 2-13　空港股份（600463）日 K 線

股價經過連續下跌後出現反彈，反彈出現假的頭肩底型態，所以投資人一定要看清楚，不要上主力的當，否則就會損失慘重。

> **專家提醒**
>
> 在股市中，不要去猜底和猜頂，而是要學會根據情況去分析，站在主力的角度進行Ｋ線分析，實現與主力的對話，從而早一步瞭解主力動向以取得高獲利。另外，股市中沒有絕對的事，主力有時也要根據情況改變做戰計畫，散戶要靈活應變。

2-4 圓底形的成交量放大時，要勇於買進

圓底，又稱淺蝶形，也是常見的經典的底部反轉型態。當個股中出現這種 K 線型態時上漲的機率很大。下面就來具體講解該型態的形狀、特徵及技術含義。

2-4-1 圓底型態的特徵

圓底的特徵是：股價先是在成交量逐漸減少的情況下，下跌速度越來越緩慢，直到成交量出現極度萎縮，股價才停止下跌。然後在多方主力有計劃的推動下，成交量溫和放大，股價由緩慢上升逐漸轉為加速上升，從而形成股價走勢的圓弧型態。

在圓弧型態形成的過程中，成交量也常常是圓弧形的。圓底的圖形如圖 2-14 所示。

> **專家提醒**
> 股市中標準的圓底很少見到，大多數是不太標準的圓底。

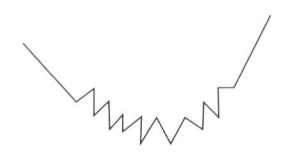

▲ 圖 2-14　圓底

　　圓底的形成時間比較漫長，使底部換手極為充分，所以一旦突破，常常會有一輪可觀的上漲行情。但圓底沒有明顯示的買入訊號，入市過早則陷入漫長的築底行情中。這時股價不漲而略有下挫，幾個星期甚至幾個月都看不到希望。

　　投資人很可能受不了這種時間折磨，在股價向上攻擊之前一賣了之，而錯過一段好行情。投資人在具體操作時，要多觀察成交量，因為它們都是圓弧形，當股價上衝時如果成交量也在放大，此時要敢於買進。如果成交量萎縮，即便股價上衝也不能參與。

　　判斷圓底型態是否完成的標準：看股價是否帶量突破右邊的「碗沿」，從而與「碗柄」徹底脫離。通常圓弧底形成的時間越長，其後股價上漲的空間越大。

> **專家提醒**
>
> 圓底的判斷，能從其形成的時間和前面趨勢的大小，來判斷股價未來的上漲空間，但沒有其他方法可以測量其最終價格目標。

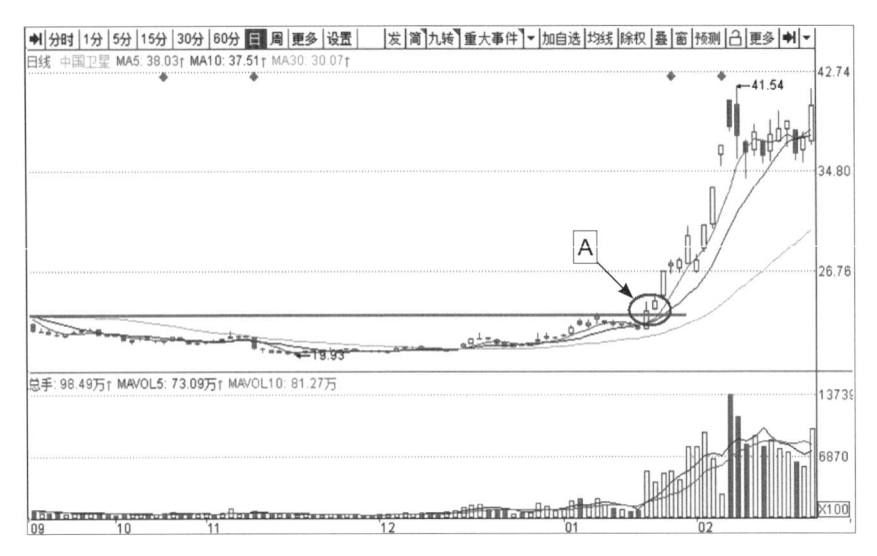

▲ 圖 2-15 中國衛星（600118）日 K 線

2-4-2 圓底實戰案例分析

如圖 2-15 所示的是中國衛星（600118）2019 年 9 月 26 日至 2020 年 2 月 21 日的日 K 線圖。其股價經過長時間、大幅度下跌之後，成交量越來越少，股價下跌越來越慢，最後在成交量萎縮的情況下創出 19.93 元新低，然後慢慢放量向升。最後成交量放大，股價加速上升，這是圓底反轉型態。

圓弧底形成之時是投資人進場的最佳時機，即 A 處，因為這時進場，往往會在短時間內就會有豐厚的獲利。在週 K 線圖中，股價已經經過大幅下跌後出現圓底，由於跨度時間長，投資人如果及時跟進，則可以有不錯的獲利。

如圖 2-16 所示的是中國巨石（600176）2020 年 1 月 23 日至 2021 年 2 月 10 日的週 K 線圖。其股價在週 K 線圖中出現圓底型態，當股價向上突

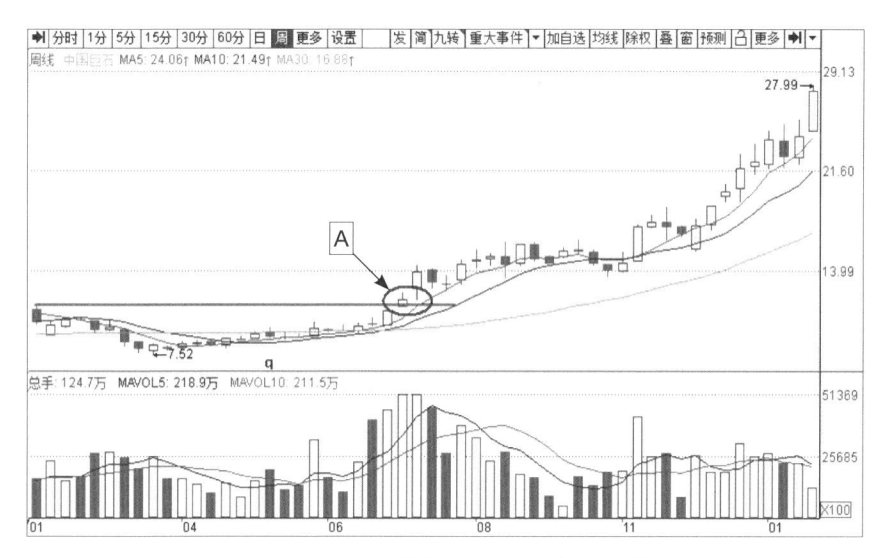

第 2 章　在底部訊號出現時加碼，獲利最大、風險最小

▲ 圖 2-16　中國巨石（600176）週 K 線

破圓右邊的「碗沿」時，是較好的進場機會，即 A 處。從其後走勢可以看到，大膽重倉介入的投資人，在短時間內就會有豐厚的獲利。

如果在月 K 線圖中，股價經過大幅下跌出現圓底，更應該及時跟進，因為一般漲幅會比較大。如圖 2-17 所示的是金發科技（600143）2015 年 6 月至 2021 年 2 月的月 K 線圖。其股價經過長時間、大幅度下跌之後，開始在底部區域震盪，在震盪過程中出現圓底。月 K 線圖中出現圓底，往往意味著後市漲幅巨大。所以在 A 處股價突破圓底「碗沿」時，要敢於重倉介入該股。

另外，該股主力還有一個回測過程，即 B 處是最佳的加倉該股票的位置。從其後走勢可以看出，投資人果斷及時地重倉介入該股，就會有巨大的獲利。在下跌行情的初期或下跌過程中，如果股價出現反彈，反彈出現假圓底型態，投資人也要特別注意。

如圖 2-18 所示的是旭光電子（600353）2020 年 7 月 8 日至 2021 年 2

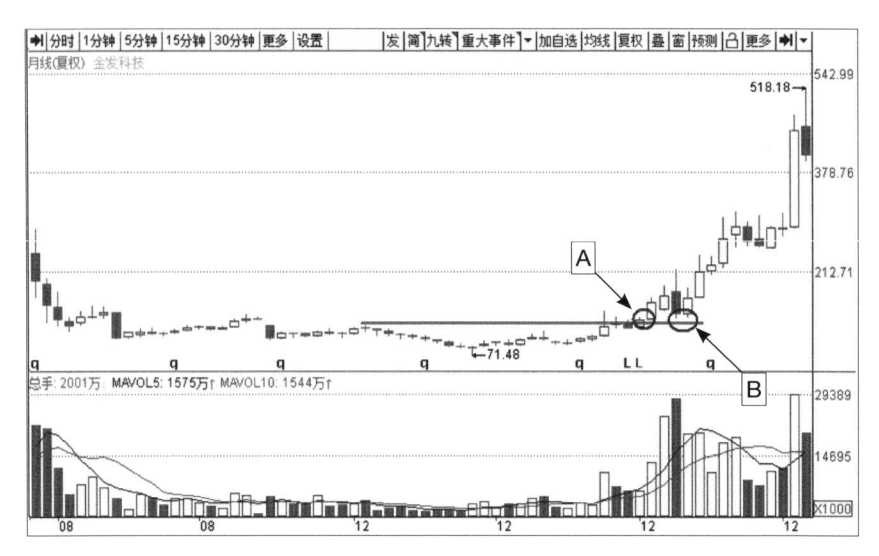

▲ 圖 2-17　金發科技（600143）月 K 線

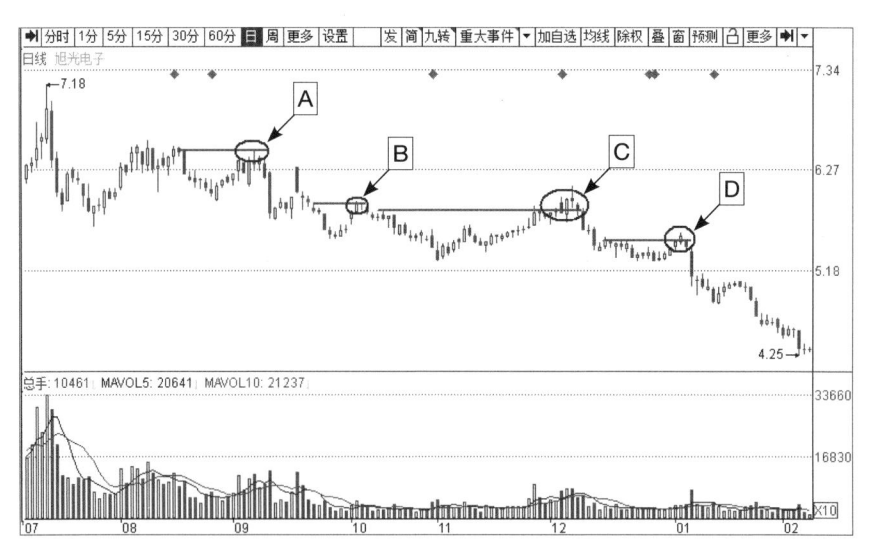

▲ 圖 2-18　旭光電子（600353）日 K 線

月 4 日的日 K 線圖。其股價經過一波上漲創出 7.18 元高點，但在創出高點這天股價收了一根帶有上影線的中陽線，表示上方有壓力。但隨後股價沒有繼續上漲，而是出現大陰線殺跌，這表示股價要開始下跌了。

股價連續下跌後出現反彈，並且在 A 處出現圓底型態，要注意這是高位震盪出現的圓底，是主力在誘多，投資人不要上當。隨後股價繼續下跌，然後在 B 處出現圓底型態，又是一個誘多。

同理，在 C 和 D 處分別出現圓底型態，並且這裡還有假突破，很容易把投資人誘進去。總之在股價下跌過程中，投資人一定要小心主力的誘多。

2-5
潛伏底橫盤時間長，
一旦突破漲幅巨大

　　潛伏底是常見的底部反轉型態，當個股中出現這種K線型態時，上漲的機率很大。下面就來具體講解該型態的形狀、特徵及技術含義。

2-5-1　潛伏底的特徵

　　潛伏底是指股價經過一段跌勢後，長期在一個狹窄的區間內波動，交易十分清淡，股價和成交量都形成一條帶狀，其圖形如圖2-19所示。

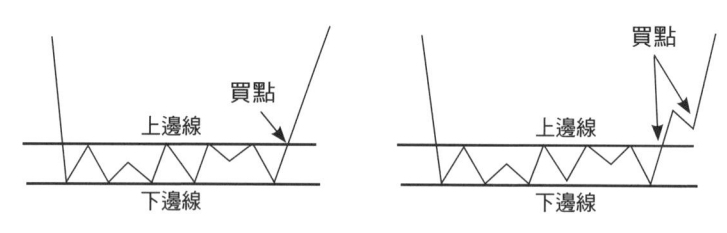

▲圖2-19　潛伏底

　　潛伏底一般橫盤時間很長，換手相當充分，一旦突破股價會一路向上，很少出現回檔，並且漲幅巨大。但真正炒到潛伏底，享受到股價上

飆帶來的豐厚投資回報的投資人卻很少，原因有兩點，具體如下：

第一，入市時間不當。潛伏底成交量幾乎處於停滯狀態，而且歷時很長，有的幾個月、有的高達數年之久。投資人如果入市時間太早，就忍受不了這種長時期的折磨，即在股價發起上攻之前離開。第二，不敢追漲。潛伏底一旦爆發上攻勢頭十分猛烈，常常會走出連續逼空的行情。投資人看到一根根大陽線，就是不整理，所以不敢買進。

潛伏底有個特點是：上漲時往往在拉出大陽線後再拉大陽線，超漲後再超漲，升幅高達十幾倍。

> **專家提醒**
>
> 潛伏底向上發動時，只要股價不超過50%的漲幅，成交量保持價升量增的態勢，漲幅就可以追漲；超過50%，回檔可以逢低吸納。

2-5-2　潛伏底實戰案例分析

如圖2-20所示的是三星醫療（601567）2020年9月16日至2021年5月27日的日K線圖。其股價在6元到7元之間反覆震盪，竟然潛伏了將近8個月，從而形成潛伏底。之後開始放量大漲，從7元漲到17.99元，漲幅高達兩倍多。所以潛伏底爆發力很強，投資人以後要多留意。

在週K線圖中，股價已經過大幅下跌後出現潛伏底，如果及時跟進可以有不錯的獲利。如圖2-21所示的是鄭州煤電（600121）2020年1月23日至2020年12月31日的週K線圖。其股價經過長時間、大幅度下跌之後，在低位開始窄幅震盪，盤整區間為1.70元到2.30元之間。

經過7個多月時間的窄幅震盪，形成潛伏底型態，一旦股價放量向

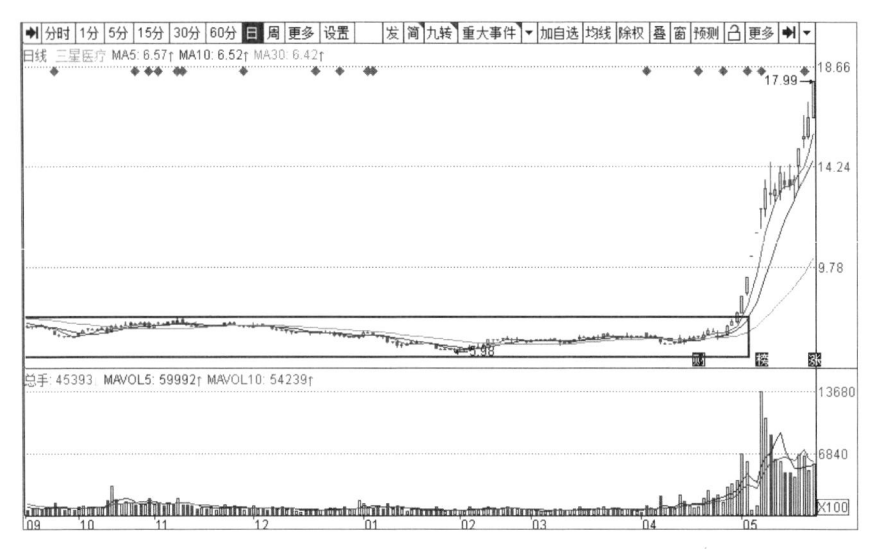

▲ 圖 2-20　三星醫療（601567）日 K 線

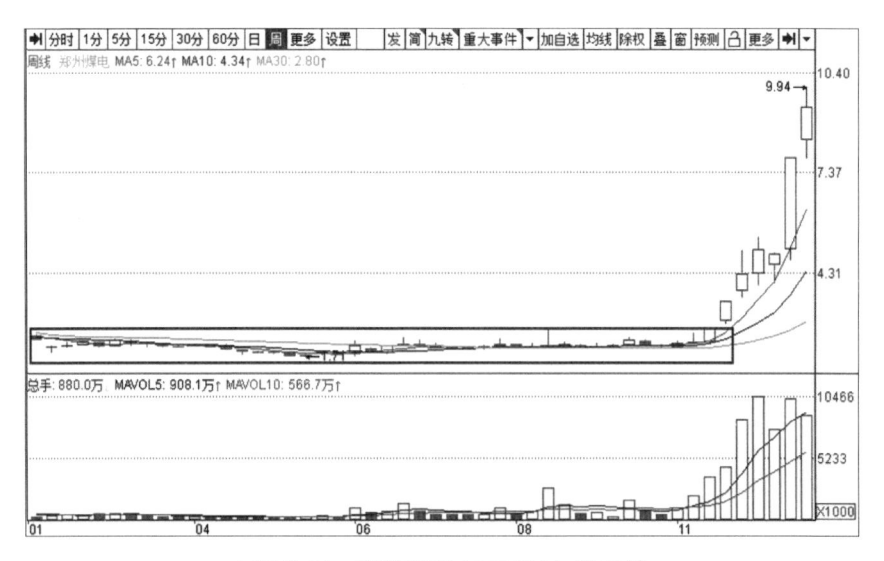

▲ 圖 2-21　鄭州煤電（600121）週 K 線

上突破，就是極好的獲利機會。如果在月K線圖中出現潛伏底，投資人更應該關注，如果及時跟進，就能成為股市中的大贏家。

如圖2-22所示的是科達製造（600499）2018年4月至2021年5月的月K線圖。其股價經過長時間、大幅度下跌之後，在低位震盪。股價震盪區間為3.70元到5.30元，經過長達2年多時間的震盪形成潛伏底型態，股價一旦向上突破，就要及時跟進，並且要重倉跟進。從其後走勢可以看出，重倉跟進的投資人都會有豐厚的投資回報。

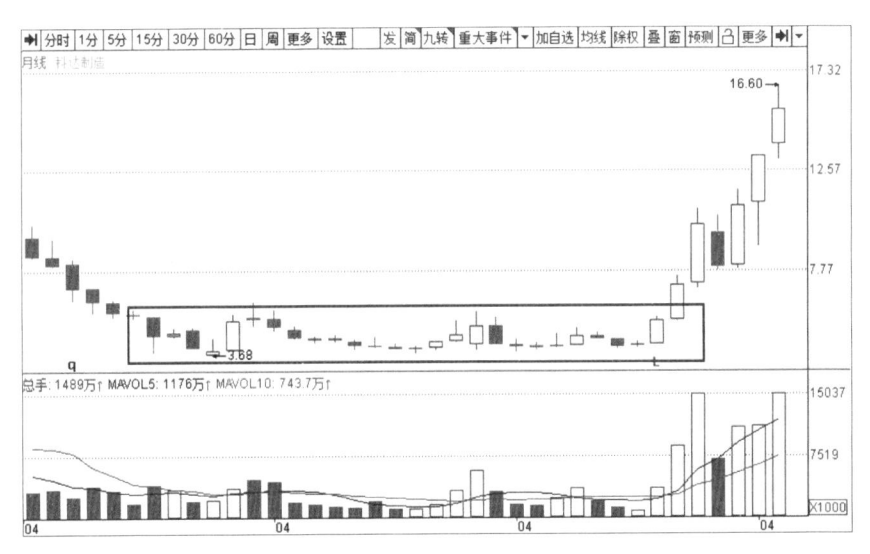

▲圖2-22　科達製造（600499）月K線

專家提醒

如果股價已有較大升幅，然後在高位反覆震盪盤整，投資人可不能把高位的小幅度長期盤整看成潛伏底，否則很可能會損失慘重。

2-6 操作 V 型底時，記住「有急跌必有反彈」

V形底是常見的底部反轉型態，當個股中出現這種K線型態時，上漲的機率很大。下面就來具體講解該型態的形狀、特徵及技術含義。

2-6-1　V形底的3大特徵

V形底的特徵是：股價在下跌趨勢中，下跌的速度越來越快，最後在股價下跌最猛烈時，出現戲劇性的變化，股價觸底反彈然後一跌上揚。其走勢像英文大寫字母V，故命名為「V形底」。V形底的圖形如圖2-23所示。

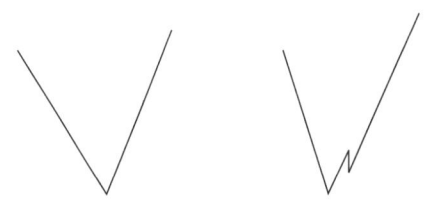

▲圖2-23　V形底

V形底要滿足三點，具體如下所述。

第一，呈現加速下跌狀態。

第二，突然出現戲劇性化，拉出大陽線。

第三，轉勢時成交量特別大。

V形底比較難掌握，但投資人要知道股價在連續急跌時，特別是急跌的後期，不要輕易賣出手中的股票。因為有急跌必有反彈，然後根據反彈力度，決定進一步的操作。

所以對於V形底，投資人應拿好手中的籌碼，不要漲了一點就逢高賣出。激進型的投資人，可以在拉出第一根大陽線並放出巨量時，先少量參與，幾日後V形走勢明朗時，再繼續追加買進。而穩健型的投資人，可以在V形走勢形成後買入，這樣雖然獲利少一點，但風險也小一點。

2-6-2　V形底實戰案例分析

如圖2-24所示的是浦東建設（600284）2021年1月20日至2021年5月11日的日K線圖。其股價經過震盪下跌之後，又開始快速下跌，並且最後跌幅越來越快，股價觸底後放量上漲，這就是標準的V形走勢。投資人一般很難參與，只有激進型的投資人利用K線圖技術（早晨十字星見底K線組合），得以少量參與做反彈。

在週K線圖中常常也會出現V形底，但投資人要分清是快速上漲後的快速回檔底，還是下跌過程中快速下跌後的快速反彈底。如圖2-25所示的是南京熊貓（600775）2018年10月26日至2021年2月5日的週K線圖。

其中A處是股價快速上升後快速回落形成的V形底，而B處是股價

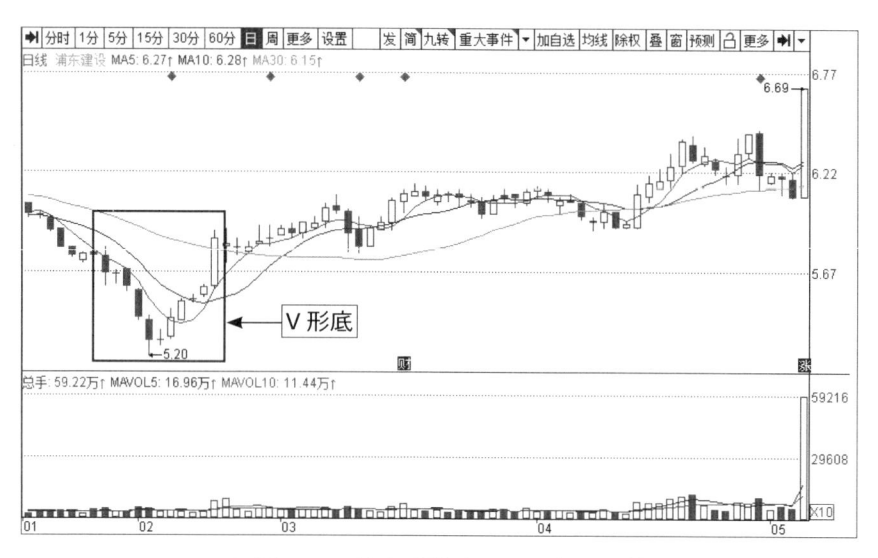

▲ 圖 2-24　浦東建設（600284）日 K 線

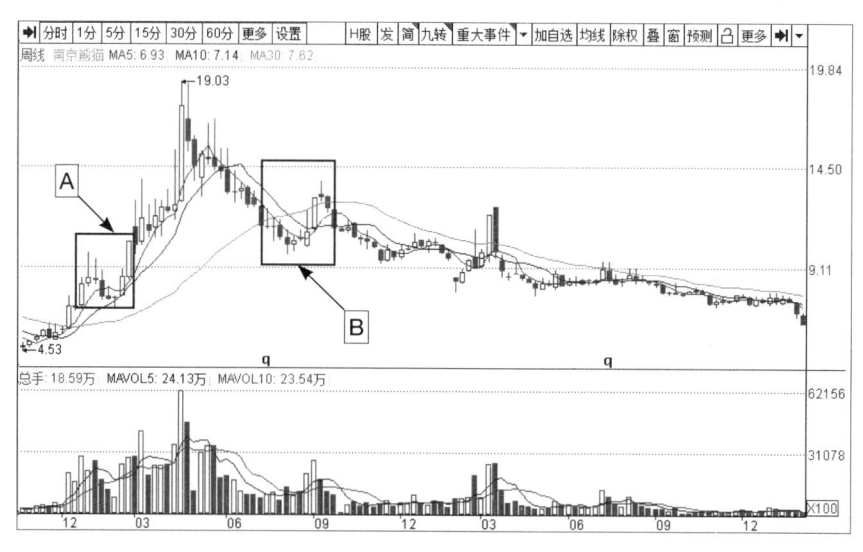

▲ 圖 2-25　南京熊貓（600775）週 K 線

快速下跌後快速反彈形成的 V 形底。要注意，它們的操作方法不同，因為一個是上升趨勢，一個是下跌趨勢。

> **專家提醒**
>
> 對於底部反轉型態，投資人要熟記這些經典圖形，然後瞭解它們的技術含義，再根據股價所在的位置，即處於高位、中位或低位進行詳細分析。經由 K 線與主力進行對話，從而瞭解主力的意圖及下一步的動向，提前防範，就可以在股市中做到小輸而大贏，成為股市中真正的贏家。

Chapter 3

學會順利逃頂,獲利了結才能真正賺到錢

3-1 頂部有分長中短，特徵各不同

投資人都喜歡逃頂，因為它是保證投資人帳面獲利轉化為實際獲利的手段，如果投資人只會買不會賣，其結果跟不入市沒有什麼區別，甚至還降低了自己的資金使用效率。

因此投資人如果瞭解了頂部的各項特徵，然後採取長多短空的滾動操作方法（利用一部分籌碼進行短線操作），就可以使自己的獲利實現最大化。

3-1-1 長期頂部的特徵

個股長期頂部的形成往往與大盤走勢同步，下面來講解大盤頂部形成時的特徵。

(1) 新股民紛紛湧入

越來越多新股民不斷湧入市場，每月開戶數量持續上升，同時銀行存款金額不斷下滑。

(2) 交易持續瘋狂

在大盤即將到達頂部時，絕大多數股民處於獲利狀態，人們進入股

市的意願空前高漲。大量資金前仆後繼湧入股市，造成股價不斷創高、人們爭相競購的狀況。

(3) 垃圾股獲利也創高

當績優股、藍籌股、中低價股的價格接連創高後，所有的股票都「雞犬升天」，市場整體的本益比高居不下。

(4) 輿論一片看漲

80%的輿論繼續看漲股市，但也有20%的輿論開始唱反調。此時的利空消息和反對輿論，早已被市場瘋狂的熱情所淹沒，只有少數專業投資人和機構投資人開始減倉離場。

(5) 融資功能強大

由於入市資金日益龐大和投機氛圍日趨熱烈，監管機構不斷提高上市公司融資的規模與速度，期望經由擴大市場容量為市場降溫。

(6) 出現頭部型態

隨著先知先覺資金的減倉行為，市場頂部型態開始漸行漸現。但長期頂部的形成不是幾天可以完成的，即使當時出現暴跌現象，由於股市上漲的慣性作用，也往往會出現反覆的行情，導致M頂、頭肩頂、圓頂型態的出現。

(7) 末期成交量遞減

相對於前期巨大的成交量而言，此時的成交量往往開始減少。原因是：前期多、空雙方意見發生分歧後，主力拋售而散戶搶入，導致成交量激增；而後期成交量的減少，說明市場購買力已經開始下降，僅僅散戶的購買行為難以承接機構的減倉量。

如圖3-1所示的是上證指數大幅上漲後出現的長期頂部，即2007年10月的6124.04點和2015年6月的5178.19點。

▲ 圖 3-1　上證指數大幅上漲後出現的長期頂部

3-1-2　中期頂部的特徵

中期頂部形成時的特徵共有五項，具體如下：

(1) 主流熱點開始退潮

曾經對大盤有主導作用的龍頭板塊開始出現整理狀態，非主流熱點則處於散亂的活躍狀態，一些冷門板塊則開始出現補漲行情，這些都意味著主流資金開始減倉或換股。

(2) 部分主力股大肆減倉

對於一些前期漲幅巨大的主力股，主力開始大肆減倉以緩解資金供應的壓力，同時也為高賣低買、滾動獲利做好準備。但有些主力也會錯估形勢，因而見好就收，匆匆離場。

(3) 市場交易依然活躍

由於大盤大勢向上，市場投資人不敢輕易看空，人氣依然旺盛，即使輿論認為階段性整理應該來臨，投資人也無所畏懼，反而逢低補倉。

(4) 政策面依舊偏暖

此時的市場能不斷消化利空消息，同時積極追捧利多消息，而經濟面和政策面依然偏暖，能夠支撐股市繼續向上發展。

(5) 股價回檔到 45 日或 90 日均線附近

當出現中期頂部時，股指或股價往往會在回落到 45 日均線附近時獲得支撐；如果股指或股價被打壓過狠，也往往會在 90 日均線附近獲得支撐，然後開始反轉向上。如圖 3-2 所示的是上證指數上漲後的中期頂部，即 2009 年 7 月的 3454.02 點和 2018 年 1 月的 3587.03 點。

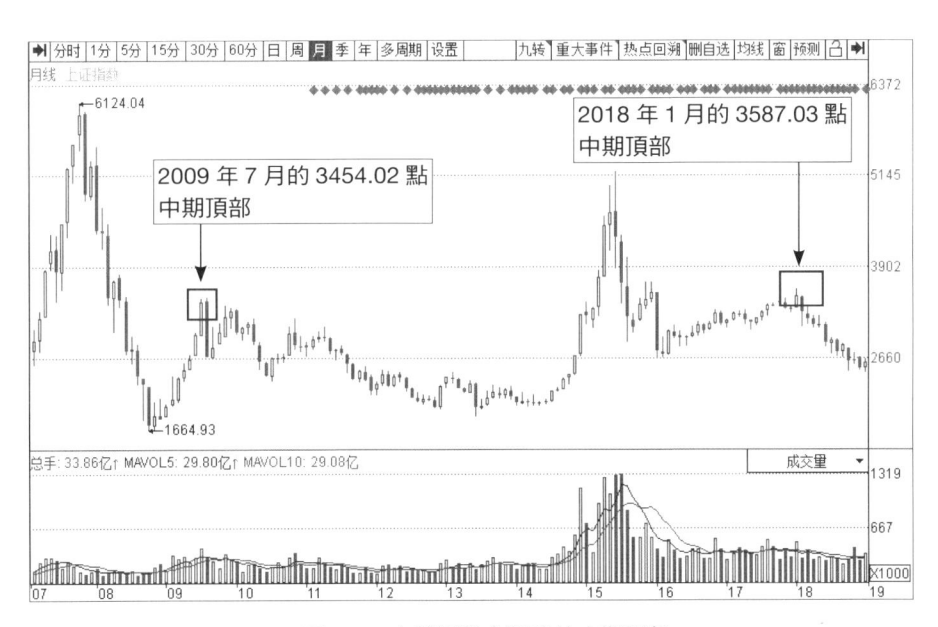

▲ 圖 3-2　上證指數上漲後的中期頂部

3-1-3 短期頂部的特徵

短期頂部形成時的特徵共有五項，具體如下：

第一，個股常常會出現射擊之星、吊頸線、螺旋槳等帶有觸頂回落意義的K線以及單日反轉K線。

第二，個股常常出現穿頭破腳、黃昏之星、淡友反攻、烏雲蓋頂和傾盆大雨等看跌K線組合。

第三，此前，股價往往已經遠離5日均線，呈75度以上角度快速向上拉升，而現在則開始回落。

第四，在股價頂部形成前，成交量會放大；在股價回檔時，成交量則會萎縮。

第五，由於市場人氣比較旺盛，熱點持續不斷，人們仍然積極看多。

投資人在交易中有三種風格，分別是長線交易、中線交易和短線交易。長線交易的投資人不在乎股價短期頂部的形成，但往往會在股價中期頂部來臨時進行高賣低買的操作，從而增加獲利的空間。

中線交易的投資人會在乎股價短期頂部的形成，往往會在股價短期頂部來臨時進行高賣低買的操作。短線交易的投資人則不會放過每個股價的短期頂部，力求在每個短期頂部來臨時及時出場。

3-1-4 別把上漲途中的腰部當頭部

沒有實戰經驗的投資人，常常把上漲途中的腰部當頭部，常常上主力的當，被主力早早「甩下車」。那麼投資人該如何理解股價的腰部，又如何區分股價的腰部與頂部呢？

一般來說，在上升趨勢中，股價腰部的形成常常由以下三種原因造成。

第一，當股價從底部上漲到一定程度時，大量短線獲利盤急於出手，於是主力順勢打壓股價，吃掉恐慌出逃的獲利籌碼，導致成交量激增。等浮動籌碼消滅後，主力隨即開始大幅拉升股價，於是過去的股價頭部就成為如今的股價腰部。

第二，當股價從底部上漲到一定程度時，主力往往會因為籌碼太多而開始減倉，同時促使跟風者與其他持股者交換籌碼，以提高股票持有者的平均成本。一旦整個過程完成後，個股就會繼續上漲，直至主力完成最後的出貨任務。於是，過去的股價頭部就成為如今的股價腰部。

第三，主力在第一波拉升過程完成後，往往會做暫時的整理，或者察看此時大盤的動態，或者等待該股票利多消息的出台，或者等待投資人跟上自己的節奏。一旦消息、時間、人氣跟上，主力就會立刻發動第二波主升浪行情。於是，過去的股價頭部就成為如今的股價腰部。

投資人應該如何區分股價的腰部和頂部呢？常用的方法有三種，具體如下：

第一，從大盤和個股基本面來看，如果該行情不應只到這裡就結束，則此處往往不是股價的頭部。

第二，從成交量來看，如果上漲有量而下跌無量，量能型態較好，則此處往往不是股價的頭部。

第三，從K線圖來看，如果主力刻意打壓股價的痕跡較為明顯，則此處往往不是股價的頭部。

3-2 雙頂是明顯轉勢訊號，投資人要第一時間出場

雙頂，因其形狀像英文字母 M，所以又稱「M 頭」，是很多投資人所熟知的頂部反轉型態之一。但投資人往往由於瞭解尚淺，只要見到 M 形狀的都認為是雙頂，按照雙頂的操作方法出逃，結果可想而知。

3-2-1　雙頂的特徵

雙頂的特徵是：股價在上升趨勢中出現兩個比較明顯的峰，且兩個峰頂的價位也大致相同。當股價在第二次碰頂回落時跌破前次回落的低位，即頸線突破有效，有可能跌破頸線後回測，但回測時成交量明顯萎縮並受阻於頸線，這時就正式宣告雙頂成立。圖形如圖 3-3 所示。

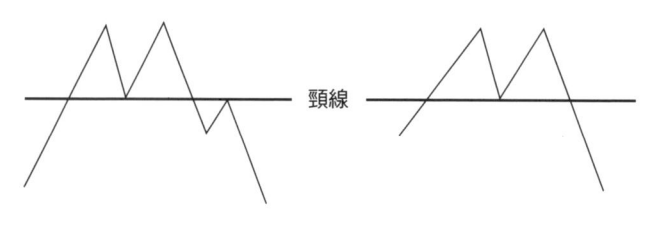

▲圖 3-3　雙頂

在雙頂形成過程中，股價第一次上衝到峰頂時成交量比較大，第二次上衝到峰頂時成交量略小些。雙頂是一個明顯的見頂轉勢訊號，聰明的投資人在雙頂成立後，會在第一時間清倉出場。

3-2-2　雙頂的操作要點

投資人首先要明白，前面講解的雙頂是一個標準圖形，但實戰中標準的雙頂圖形幾乎是不存在的。因此具體操作時，投資人要注意技術含義的相似，而不能死套圖形。

如果股價已經過大幅上漲，然後在高位形成雙頂，那麼投資人一定要小心，接下來很可能是一輪漫長的下跌。如果股價上漲幅度較小或只是在震盪整理，然後形成雙頂，一般只能帶來一輪幅度較小的下跌行情。當然也可能是主力在反技術操作，進行誘空散戶，這一點投資人要注意。

雙頂操作的要點共有兩項，具體如下：

(1) 有依據的出場點

股價在上漲過程中，當兩次上漲到幾乎同一高度而回檔時，投資人就可以感到那裡有較強的賣壓；而股價一旦回到前一次回檔低點以下時，即向下突破頸線，基本上可以確定雙頂的成立，這裡果斷賣出股票籌碼是較好的選擇。

有些股票的價格在向下突破頸線後還會回測，但一般不會突破頸線，在回測到頸線附近時，也是一個比較好的賣出點。

(2) 理論上最小目標的計算

雙頂形成後，股價下跌的理論目標為從頂部到頸線垂直距離的1～3倍。實際走勢中的幅度計算不只限於此，應該更加參考大型態的走

勢，主要看股價所處的大型態運行階段和節奏。

投資人還要注意，雙頂反轉型態出現後，並不一定意味股價趨勢必定反轉，股價如果在回落到頸線附近時獲利，支撐則有可能再創新高，繼續上漲或形成三重頂、多重頂、矩形等多種型態。判斷雙頂是否成立有三個標準，具體如下：

第一，看是否有效突破頸線。

第二，看雙頂之間的時間間隔，如果雙頂形成的時間較長，若為一個月，那麼反轉的可能性較大。這是因為消耗了大量的多頭熱情而股價卻得不到迅速上升，即主力在出貨。

第三，看雙頂的高度，一般是前一上漲幅度的20%～30%。

> **專家提醒**
>
> 雙頂型態的兩個峰之間的距離越遠，則形成雙頂的可能性越大。

3-2-3 雙頂實戰案例分析

如圖3-4所示的是青島啤酒（600600）2020年11月4日至2021年3月4日的日K線圖。該股經過長時間、大幅度上漲後在高位出現雙頂，即股價創出110.70元高點後，股價先是跌破5日均線，又跌破10日均線，然後有大陰線跌破30日均線，接著跌破雙頂的頸線，即A處。

股價跌破雙頂的頸線，往往意味股價又開始走下跌趨勢，所以手中還持有該股票的投資人，要及時賣出手中的股票。股價跌破頸線之後又連續下跌幾天，接著股價開始反彈，當股價反彈到雙頂的頸線附近時，是最佳的賣出股票的機會，即B和C處。

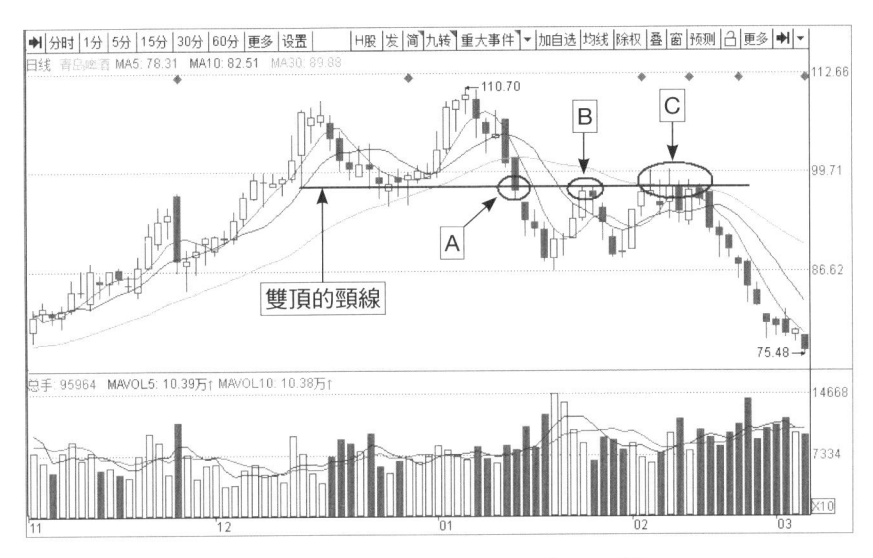

▲ 圖 3-4 青島啤酒（600600）日 K 線

　　從其後走勢可以看出，投資人如果不及時賣出手中的股票，很可能會回吐大部分獲利，甚至由獲利變成虧損。

　　如果股價經過大幅上漲，在週 K 線圖中形成雙頂型態，這是非常可怕的，投資人長時間內都不要碰該股。

　　如圖 3-5 所示的是三六零（601360）2017 年 11 月 17 日至 2021 年 5 月 14 日的週 K 線圖。其股價經過連續大陽線上漲之後，在高位震盪，在震盪過程中形成雙頂，這是一個非常可怕的雙頂。因為股價上漲幅度太大，一旦跌破雙頂的頸線，要及時賣出，否則後果不堪設想。

　　在 A 處，股價跌破雙頂的頸線，隨後雖有反彈，但沒有反彈到頸線附近，就再度下跌。所以在反彈到 B 處時，也是較好的賣出股票的機會。從其後走勢可以看出，直至 2021 年 5 月，股價仍在跌跌不休。

▲ 圖 3-5 三六零（601360）週 K 線

> **專家提醒**
>
> 雙頂也是一個明顯的見頂轉勢訊號，突破其頸線後就開始大幅下跌，投資人一定要及時清倉，離場觀望。

3-3 頭肩頂一旦形成，股價下跌成定局

頭肩頂是常見的經典的頂部反轉型態，當個股中出現這種 K 線型態時，下跌的機率很大。

3-3-1 頭肩頂的特徵

頭肩頂的特徵是：在上升趨勢中出現 3 個峰頂，這 3 個峰頂分別是左肩、頭部和右肩。左肩和右肩的最高點基本上相同，而頭部最高點比左右兩個肩的最高點還高。

另外，股價上衝失敗向下回落時形成的兩個低點，基本上處在同一水平線，這個水平線就稱為「頸線」。當股價第三次上衝失敗回落後，頸線被有效突破，這時就正式宣告頭肩頂成立。頭肩頂的圖形如圖 3-6 所示。

在頭肩頂的形成過程中，左肩的成交量最大，頭部成交量略小些，右肩成交量最小。成交量呈遞減現象，說明股價上升時追漲力量越來越弱，股價就漲到盡頭了。所以頭肩頂是一個明顯的見頂訊號，一旦形成，股價下跌已成定局，投資人應賣出所有籌碼，離場觀望。

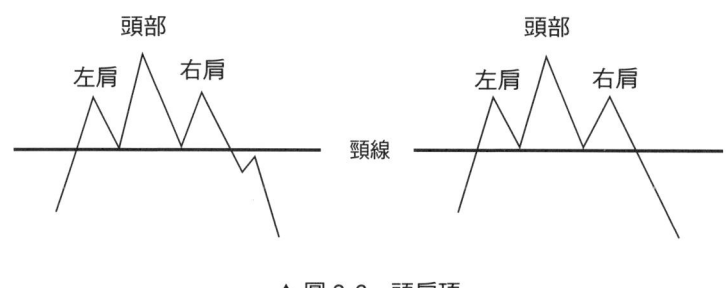

▲ 圖 3-6　頭肩頂

3-3-2　頭肩頂的操作要點

投資人首先要明白，前面講解的頭肩頂是一個標準圖形，而實戰中標準的頭肩頂圖形幾乎是不存在的。因此具體操作時，要注意技術含義的相似，不能死套圖形。

另外，頭肩頂與頭肩底的型態相反，它們的區別具體如下：

第一，頭肩底形成的時間較長且型態較為平緩，不像頭肩頂的型態那樣劇烈。因為底部需要聚人氣，而頂部處於瘋狂狀態。

第二，頭肩底型態的總成交量比頭肩頂的總成交量少，這是由於底部供貨不足，而頂部恐慌拋售所致。

第三，頭肩底型態突破頸線時，必須有大成交量才算有效；而頭肩頂型態突破頸線時，可以是無量下跌的。

> **專家提醒**
>
> 頭肩頂的左肩的成交量最大、頭部次之、右肩成交量明顯減少。突破頸線時成交量增加，價格反彈時成交量減少，反彈結束後成交量再度放大，股價加速下跌。

在實戰操作中，還要注意頭肩頂的頸線傾斜方向。一般情況下頸線是水平的，但頸線也常從左至右向上或向下傾斜。向下傾斜的頸線往往意味著行情更加疲軟，處於頸線位的價格反彈不一定會發生。

頭肩頂形成後，股價下跌的理論目標為從頂部到頸線垂直距離的1～3倍。實際走勢中的幅度計算不只限於此，應該多加參考大型態的走勢，主要看股價所處的大型態運行階段和節奏。

3-3-3　頭肩頂實戰案例分析

如圖3-7所示的是華建集團（600629）2020年6月12日至2021年1月13日的日K線圖。其股價經過連續上漲之後在高位震盪，震盪過程中出現頭肩頂。左肩高點是一個十字線，與前一天的大陽線及後一天的大陰線，組成早晨十字星見頂K線。

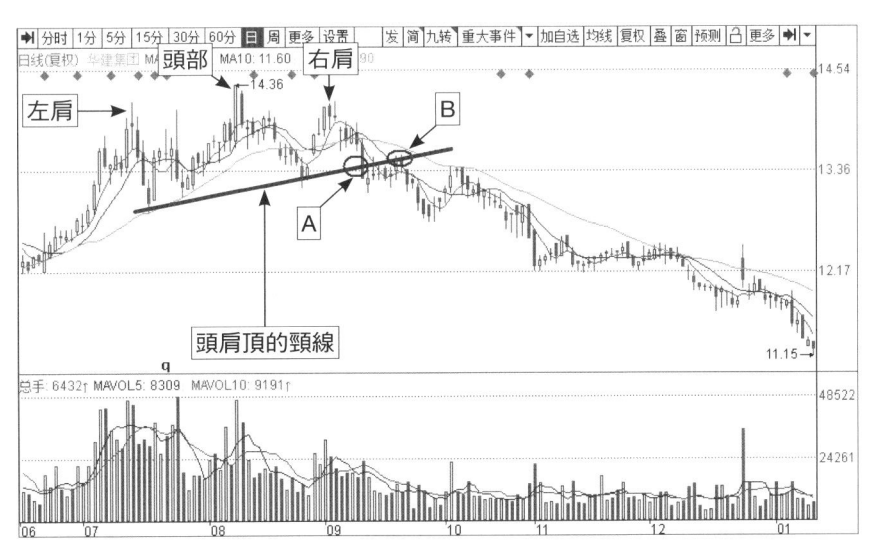

▲ 圖3-7　華建集團（600629）日K線

股價短線見頂後，就開始大幅回檔，正好回檔到 30 日均線附近，再度震盪上漲，最高上漲到 14.36 元。

創最高點這天股價收一根大陽線，但第二天股價沒有上漲，收了一根開低走低的大陰線，隨後價格就開始下跌，下跌到左肩回檔的低點附近，價格再度上漲。注意這一波上漲就是右肩上漲，成交量明顯減少，也沒創新高。隨後股價開始震盪下跌，跌破頭肩頂的頸線，即 A 處，所以 A 處是投資人賣出手中股票的最佳技術位置。

> **專家提醒**
>
> 頭肩頂是一個明顯的見頂轉勢訊號，突破其頸線後就開始大幅下跌，投資人一定要及時清倉，離場觀望。

股價跌破頸線後出現反彈，正好反彈到頸線附近，即 B 處，這時是最後賣出股票的較好位置。隨後股價開始沿著均線震盪下跌，不及時賣出股票的投資人就會損失慘重。

如果股價經過大幅上漲後，在週 K 線圖中形成頭肩頂型態，這是相當可怕的，投資人長時間內都不要碰該股。

如圖 3-8 所示的是思創醫惠（300078）2019 年 8 月 9 日至 2021 年 4 月 30 日的週 K 線圖。其股價經過一波上漲後在高位震盪，震盪過程中出現頭肩頂。左肩是一根射擊之星見頂 K 線；頭部最高點為 211.48 元，也是一根射擊之星見頂 K 線；右肩是一根大陰線殺跌見頂。

在 A 處，股價跌破頭肩頂的頸線，這意味著頭肩頂形成，所以手中還有該股票籌碼的投資人要注意清倉觀望。如果此時沒有及時賣出，在股價反彈到頸線附近時，即 B 處，是最後的賣出機會。

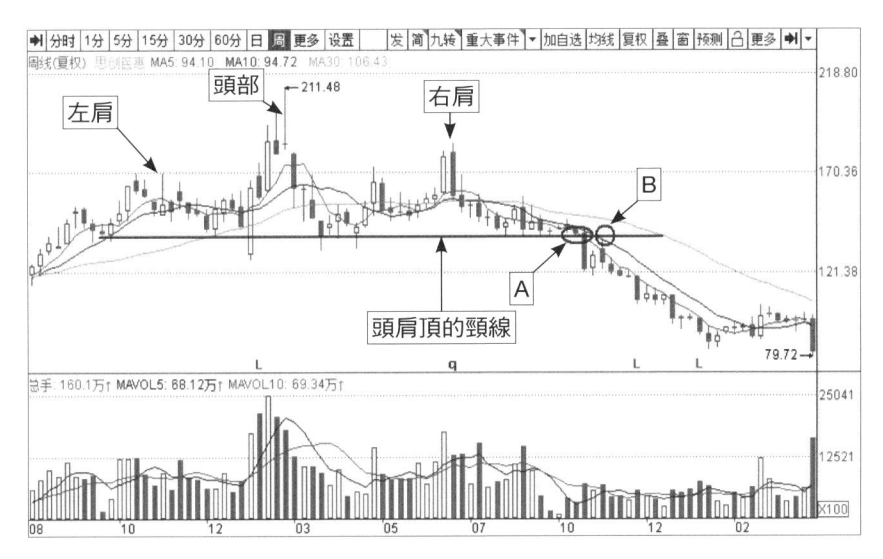

▲ 圖 3-8　思創醫惠（300078）週 K 線

3-4 圓頂形成時間越長，下跌幅度越大

圓頂是常見的頂部反轉型態，當個股中出現這種 K 線型態時，下跌的機率很大。下面就來具體講解該型態的形狀、特徵及技術含義。

3-4-1 圓頂的特徵

圓頂的特徵是：股價經過一段時間的上漲後，雖然升勢仍然維持，但上升勢頭已經放慢，直至停滯狀態。之後在不知不覺中，股價呈現緩慢下滑態勢，當發現勢頭不對時，頭部就出現一個明顯的圓弧狀，這就是圓頂。圓頂的圖形如圖 3-9 所示。

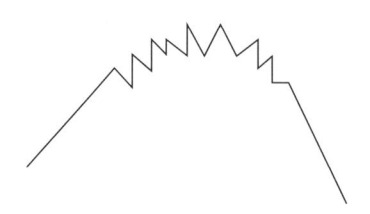

▲ 圖 3-9　圓頂

在形成圓頂的過程中，成交量的走勢可以是圓頂狀，但大多數情況下無明顯特徵。圓頂是一個明顯的見頂訊號，其形成的時間越長，下跌力度就越大。投資人見到圓頂成立後，要第一時間清倉出逃，否則就會深受套牢之苦。

> **專家提醒**
>
> 股市中標準的圓頂很少見到，大多數是不太標準的圓頂。

3-4-2　圓頂實戰案例分析

如圖 3-10 所示的是我武生物（300357）2020 年 8 月 25 日至 2021 年 3 月 24 日的日 K 線圖。其股價經過長時間、大幅度上漲之後，創出 97.90 元高點，但在創出高點這天，股價收一根帶有長長上影線的十字線。隨後股價開始在高位震盪，並形成圓頂，即 A 處。

圓頂是一個明顯的見頂訊號，一旦形成並開始下跌，則下跌力量就很強，因此投資人見到圓頂成立後，要第一時間清倉出逃。如果股價經過大幅上漲後，在週 K 線圖中形成圓頂型態，這是相當可怕的，投資人長時間內都不要碰該股。

如圖 3-11 所示的是天士力（600535）2018 年 2 月 14 日至 2020 年 3 月 20 日的週 K 線圖。其股價經過一波上漲之後，在週 K 線圖中出現圓頂，即 A 處，所以當圓頂形成時，投資人要第一時間賣出手中的股票。

其股價經過較大幅度下跌之後，再度反彈，在反彈末端再度出現圓頂，即 B 處，所以 B 處也是賣出抄底多單的位置。

▲ 圖 3-10　我武生物（300357）日 K 線

▲ 圖 3-11　天士力（600535）週 K 線

第 3 章　學會順利逃頂，獲利了結才能真正賺到錢

　　如圖 3-12 所示的是北方稀土（600111）2020 年 2 月 3 日至 2020 年 8 月 7 日的日 K 線圖。其股價經過長時間、大幅度下跌之後，創出 8.28 元低點。最低點這天，股價收一根低開高走的大陽線，這意味著股價要開始反彈了。

　　隨後股價開始反彈上漲，先是站上 5 日均線，然後站上 10 日均線，接著上攻 30 日和 60 日均線，注意這裡沒有突破壓力，所以抄底多單要在這裡賣出。

　　隨後股價開始在低位震盪，在震盪過程中於 A 處出現圓頂。對於短線投資人來說，這裡要減倉或清倉；但對於看好該股票後期走勢的投資人，則可以耐心持有該股票，畢竟當前在低位震盪，只要不再創新低，就可以耐心持有。

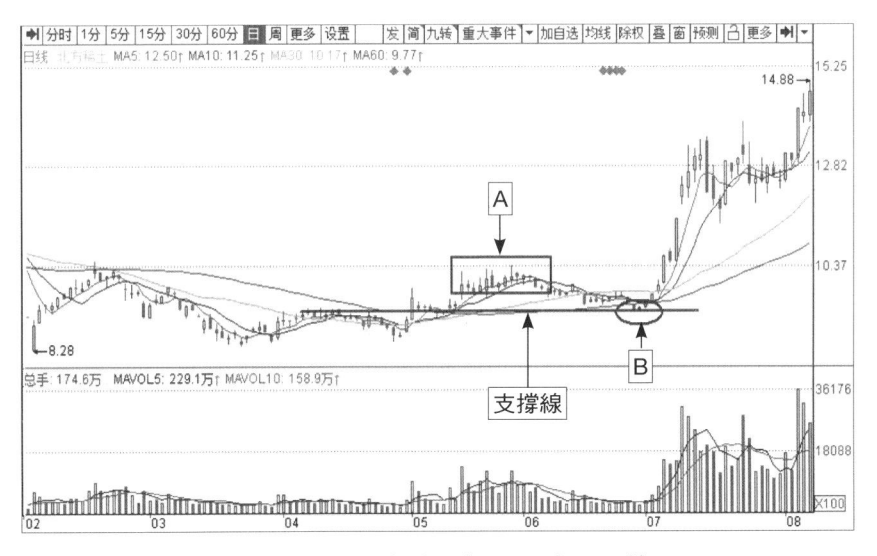

▲ 圖 3-12　北方稀土（600111）日 K 線

從其後走勢可以看出，股價回檔到前期平台高點附近，即 B 處，股價得到支撐，然後股價開始新一波上漲，所以 B 處是新的買入位置。

> **專家提醒**
>
> 股價經過大幅下跌後進行震盪上漲，如果漲幅不大，出現圓頂型態，投資人就要認真識別主力的意圖，看看主力是否在進行反技術操作。

3-5 尖頂快速上漲快速下跌，務必即時停損

尖頂是常見的頂部反轉型態，當個股中出現K線型態時，下跌的機率很大。下面就來具體講解該型態的形狀、特徵及技術含義。

3-5-1 尖頂的特徵

尖頂，又稱倒V形，其特徵是：先是股價快速上揚，隨後股價快速下跌，頭部為尖頂，就像倒寫的英文字母V。尖頂的圖形如圖3-13所示。尖頂的走勢十分尖銳，常在幾個交易日之內形成，而且在轉勢時有較大的成交量。投資人見此型態，要第一時間停損出場。

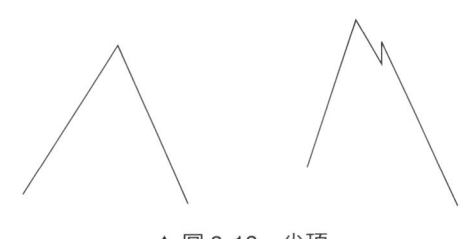

▲圖3-13 尖頂

> **專家提醒**
>
> 尖頂型態的漲勢很兇猛，往往會出現多次的價格跳空缺口，當局勢突破不利時，股價就會猛烈地下跌，所以尖頂展現了暴漲暴跌的特徵。

3-5-2　尖頂實戰案例分析

如圖 3-14 所示的是西藏藥業（600211）2020 年 7 月 21 日至 2020 年 2 月 8 日的日 K 線圖。其股價經過連續大幅度上漲之後，創出 182.07 元高點。

要注意股價在創出最高點這一天，收一根高開低走的大陰線，這表示股價要走壞了。隨後又是一根低開高走的大陽線，進行誘多，接著股價開始一路下跌，即在 A 處出現尖頂。投資人見此型態，要第一時間停損出場。

如果股價經過大幅上漲後，在週 K 線圖中形成尖頂型態，這是相當可怕的，建議投資人長時間內都不要碰該股。如圖 3-15 所示的是格力地產（600185）2020 年 3 月 27 日至 2021 年 3 月 12 日的週 K 線圖。

其股價經過快速上漲之後，在高位出現尖頂，即 A 處。投資人見到尖頂型態，要第一時間賣出手中的股票籌碼，否則會損失慘重。如果股價已經經過大幅下跌，然後在底部震盪上行時出現尖頂，這時投資人不能想當然地按尖頂的操作方法來操作。

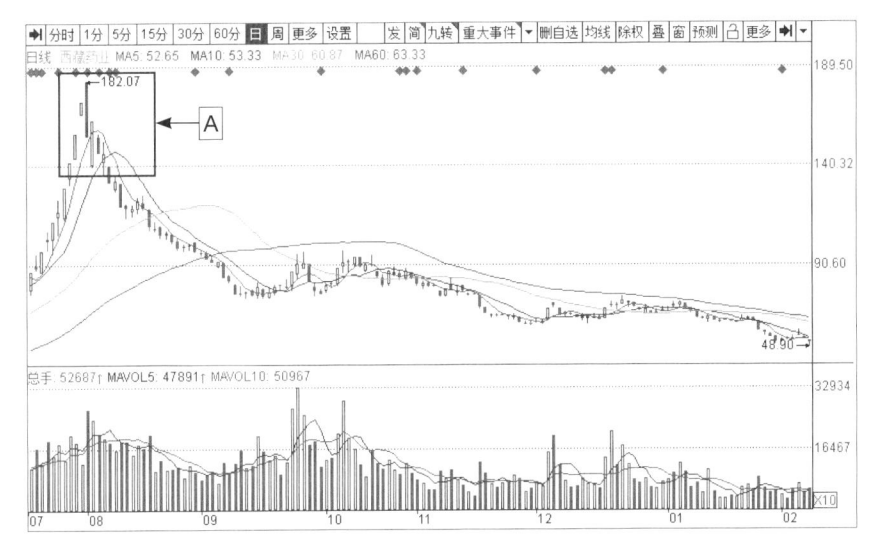

第 3 章　學會順利逃頂，獲利了結才能真正賺到錢

▲ 圖 3-14　西藏藥業（600211）日 K 線

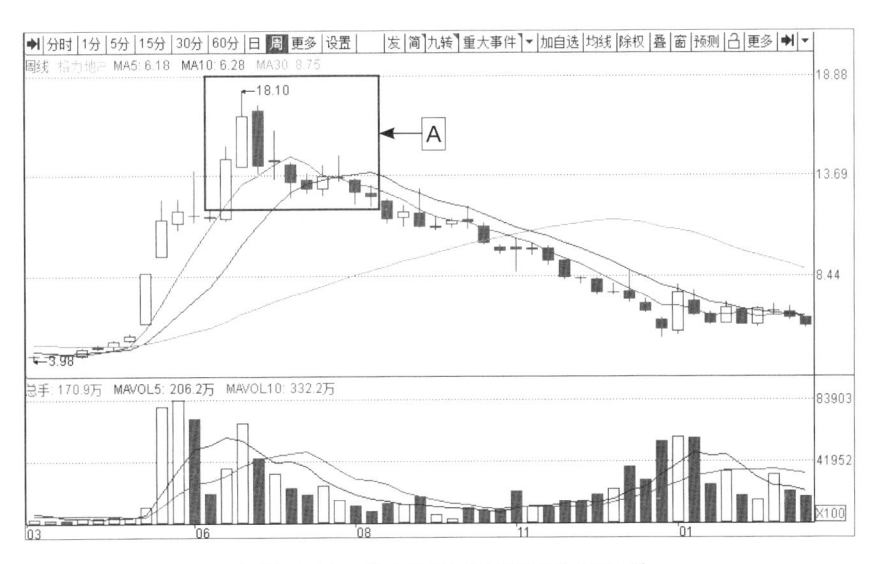

▲ 圖 3-15　格力地產（600185）週 K 線

109

如圖 3-16 所示的是江蘇吳中（600200）2021 年 1 月 4 日至 2021 年 5 月 26 日的日 K 線圖。其股價經過長時間、大幅度的下跌後，創出 4.33 元低點。隨後股價開始震盪上漲，先是站上 5 日均線，然後站上 10 日均線，最後站上 30 日和 60 日均線，均線呈多頭排列，即股價進入震盪上漲行情。

股價震盪小幅上漲之後，開始快速上漲，即連續 3 個交易日大陽線上漲。但 3 個交易日大陽線上漲之後，就是連續快速下跌，即在 A 處出現尖頂。

這裡需要注意，當前漲幅不大且均線在多頭行情之中，所以對於這時出現的尖頂不用太害怕，要意識到這很可能是主力在洗盤，並利用反技術操作，恐嚇投資人。短線高手可以減倉或清倉以應對風險，看好該股票後面走勢的投資人，則可以耐心持有。

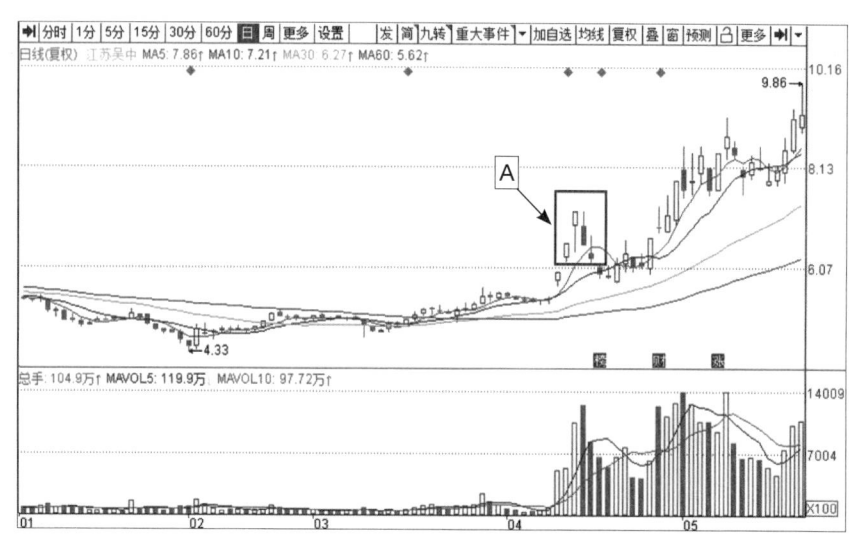

▲ 圖 3-16　江蘇吳中（600200）日 K 線

從其後走勢來看，股價在 30 日均線上方止跌，然後開始新的一波上漲行情。投資人一定要識別主力的意圖，否則很容易被主力騙出手中的股票籌碼。

Chapter *4*

整理型態出現時，教你不錯過下一個「賺波段的機會」

4-1 上升三角形是買進訊號，進場位置在……

4-1-1 整理型態介紹

股價在向某個方向經過一段時間的快速運行後，不再繼續原趨勢，而是在一定區域內上下窄幅波動，等時機成熟後再繼續前進。這種不改變股價運行基本走勢的型態，稱為整理型態。

整理型態的完成過程往往不會超過 3 個月，而且多數出現在日 K 線圖上，週 K 線圖上很少出現，月 K 線圖上幾乎沒有出現過。整理時間不長的原因是：整理經不起太多的時間消耗，士氣一旦疲軟，繼續原有趨勢就會產生較大的壓力。

對於整理型態，如果你是中長線投資人，在整理型態中可以不進行操作，等形勢明朗後再具體操作。但對於短線投資人來說，不可以長達 3 個月不進行操作，而應以 K 線的逐日觀察為主。

也就是說，當股價在這些型態中來回折返時，也會產生很多次短線交易機會。因此，短線投資人對長期價格型態不在意，而只在意某些重要的突破位。

K 線整理型態主要有以下 9 種，分別是上升三角形、下降三角形、

擴散三角形、收斂三角形、上升旗形、下降旗形、上升楔形、下降楔形，以及矩形。

上升三角形是常見的 K 線整理型態，當個股中出現這種 K 線型態時，繼續上漲的機率很大。我們首先來具體講解該型態的特徵、技術含義、操作注意事項及實戰案例分析。

4-1-2　上升三角形的特徵

上升三角形出現在股價的漲勢中，每次股價上漲的高點基本上處於同一水平位置，回落低點卻不斷上移，將每次上漲的高點和回落低點分別用直線連接起來，就構成一個向上傾的三角形，即上升三角形。上升三角形的圖形如圖 4-1 所示。

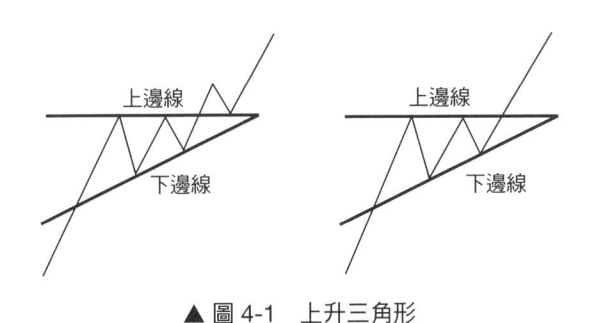

▲ 圖 4-1　上升三角形

上升三角形在形成過程中，成交量不斷萎縮，向上突破壓力線時要放大量，並且突破後一般會有回測，在原來高點連接處止跌回升，從而確認突破有效。上升三角形是買進訊號，安全起見，投資人應在最後股價突破壓力線後，小幅回檔再創新高時買進。

> **專家提醒**
>
> 上升三角形一般都會向上突破,但少數情況下也有向下突破的,這時投資人應及時清倉出場。

4-1-3　上升三角形的技術含義

上升三角形顯示多空雙方在該範圍內的較量,在較量中多方稍佔上風。空方在其特定的股價水準不斷沽售,但並不急於出貨,也不看好後市,股價每升到理想水準便賣出,於是在同一價格的沽售形成一條水平的供給線。

不過市場的買力很強,投資人不等股價回落到上次的低點,便迫不及待地買進,因此形成一條向右上方傾斜的需求線。

4-1-4　上升三角形的操作注意事項

上升三角形的操作注意事項,具體如下:

第一,大部分上升三角形都在上升的過程中出現,且暗示有向上突破的傾向。

第二,在向上突破上升三角形頂部的供給壓力時(並有成交激增的配合),就是一個短期買入訊號。

第三,其「最少升幅」的量度方法具體是,從第一個短期回升高點開始,劃出一條和底部平行的線,突破型態後,將會以型態開始前的速度上升到這條線,甚至超越它。

第三,當型態形成期間,可能會出現輕微的錯誤變動,稍微突破型

態之後又重新回到型態之內，這時候我們應根據第三或第四個短期性低點，重新修正上升三角形型態。有時候型態可能會出現變異，形成另外一些型態。

第四，雖然上升三角形暗示往上突破的機會較多，但也有往下跌的可能存在，所以應在型態明顯突破後才採取相應的買賣決策。倘若往下跌破3%（收盤價計算），投資人宜暫時賣出。

第五，上升三角形向上突破壓力，如果沒有成交激增的支援，訊號可能出錯，投資人應放棄這個指示訊號，繼續觀望市勢進一步的發展。倘若該型態往下跌破，則不必成交量的增加。

第六，上升三角形越早突破，越少錯誤發生。假如股價反覆走到型態的尖端後跌出型態之外，此突破的訊號則不足為信。

4-1-5 上升三角形實戰案例分析

如果股價經過幾次下跌，然後開始震盪盤升，在盤升的過程中出現上升三角形型態，當股價放量突破上升三角形上邊線時，要果斷加倉做多。

如圖4-2所示的是金花股份（600080）2020年5月13日至2020年9月9日的日K線圖。其股價經過長時間、大幅度下跌之後，最後來一波連續跌停，創出3.70元低點。需要注意的是，創出低點這天股價卻收一根大陽線，這表示股價已見底。

隨後股價開始震盪上漲，經過一個多月時間上漲之後，股價開始震盪整理，整理過程中出現上升三角形。

在A處，股價放量突破上升三角形的上邊線，這表示股價要開始新的一波上漲，所以A處是一個買進的好時機。

▲ 圖 4-2　金花股份（600080）日 K 線

　　股價突破上升三角形上邊線後略回檔，但始終在上邊線上方，所以回檔是最佳的買入位置，即 B 處。從其後走勢可以看出，在股價向上突破時及時買進該股，短時間就會有不錯的獲利。

　　如果股價在上升過程中出現回檔，過程中出現上升三角形型態，這時股價突破上邊線是不錯的買入時機。如圖 4-3 所示的是恒立液壓（601100）2020 年 10 月 26 日至 2021 年 1 月 7 日的日 K 線圖。

　　其股價在明顯的上漲行情中出現回檔整理，整理過程中出現上升三角形，然後在 A 處突破上升三角形的上邊線，這是一個好的買點。需要注意的是，此處向上突破並沒有放量，這意味股價不會快速上漲，所以不要追漲。

　　從其後走勢可以看出股價仍是震盪上漲，但始終在上升三角形的上邊線上方，所以多單可以持有，且仍可逢低介入多單。耐心持有的多單，往往會帶來豐厚的獲利。

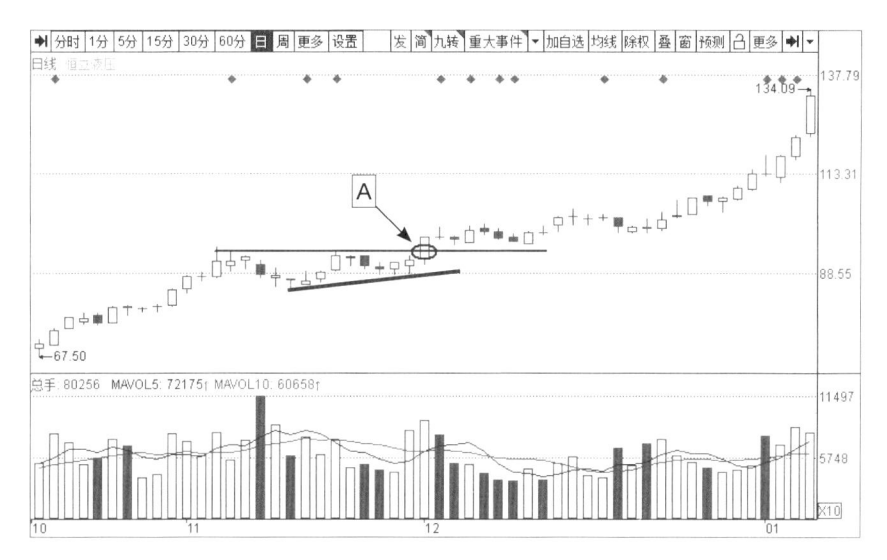

第 4 章　整理型態出現時，教你不錯過下一個「賺波段的機會」

▲ 圖 4-3　恒立液壓（601100）日 K 線

　　如果股價經過大幅上漲在高位震盪盤整，這時出現上升三角形，投資人要注意這很可能是主力在誘多。如圖 4-4 所示的是英科醫療（300677）2020 年 12 月 10 日至 2021 年 6 月 7 日的日 K 線圖。

　　該股價經過長時間、大幅度上漲後創出 299.99 元高點，隨後股價開始下跌形成一個尖頂。接著股價在高位震盪盤整，盤整過程中出現上升三角形。

　　需要注意的是這裡是高位震盪盤整，如果向上突破，仍可以輕倉買進股票。但如果是向下突破，即向下跌破支撐，那麼就意味著股價要開始新的一波下跌，所以在 A 處，投資人要第一時間賣出手中的股票。

　　在明顯的下跌趨勢中出現上升三角形，要萬分小心，因為很可能是主力在誘多，所以如果在這裡出現不利的訊號，要果斷出場觀望。

　　如圖 4-5 所示的是華夏幸福（600340）2020 年 8 月 20 日至 2021 年 1 月 12 日的日 K 線圖。其股價在明顯的震盪下跌行情中出現反彈，過程

119

▲ 圖 4-4　英科醫療（300677）日 K 線

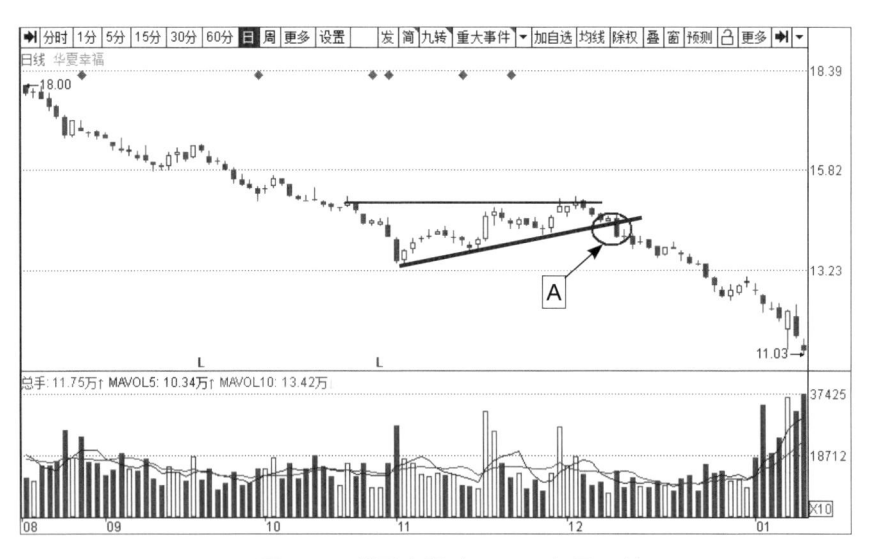

▲ 圖 4-5　華夏幸福（600340）日 K 線

中出現上升三角形。需要注意的是當前是下跌行情,反彈到壓力位就要減倉或清倉。如果投資人來不及逢高賣出,那麼當股價跌破下方支撐時,即 A 處,就要果斷賣出,否則之後會損失慘重。

4-2

個股跌破下降三角形的支撐線後，應及時停損

　　下降三角形是常見的 K 線整理型態，當個股中出現這種 K 線型態時，繼續下跌的機率很大。下面就來具體講解該型態的特徵、技術含義及實戰案例分析。

4-2-1　下降三角形的特徵

　　下降三角形一般出現在股價的跌勢中，每次股價上漲的高點不斷下移，但回落的低點基本上處於同一水平位置。將每次上漲的高點和回落低點分別用直線連接起來，就構成一個向下傾的三角形，即下降三角形。下降三角形的圖形如圖 4-6 所示。

　　下降三角形的形成過程中，成交量不斷放大，向下突破壓力線時可以放量也可以不放量，並且突破後一般會有回測，在原來支撐線附近受阻，從而確認向下突破有效。下降三角形是賣出訊號，投資人可在跌破支撐線後，停損離場。

(a) 變化圖形 1　　　　　(b) 變化圖形 2

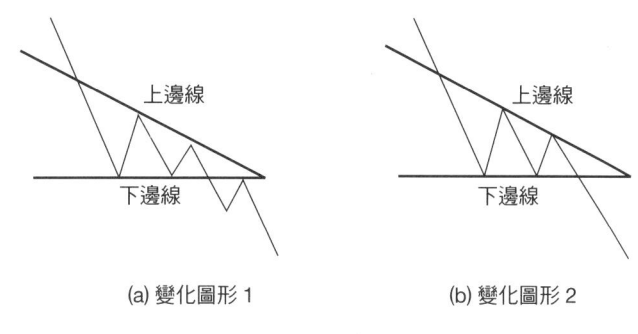

▲ 圖 4-6　下降三角形

4-2-2　下降三角形的技術含義

　　下降三角形是多空雙方在某價格區域內的較量表現，然而多空力量卻與上升三角形所顯示的情形相反。看淡的一方不斷地增強賣出壓力，在股價還沒回升到上次高點時便再賣出；看好的一方堅守著某一價格的防線，使股價每次回落到該水平便獲得支持。

　　從這個角度來看，此型態的形成亦可能是主力在托價出貨，直到貨源賣完為止。目前市場中有許多投資人，往往持有「股價多次觸底不破且交易量縮小」為較佳買股時機的觀點。其實在空頭市場中這種觀點相當可怕，雪上加霜的下降三角形正說明了這一點。

　　事實上，下降三角形在多空較量中，形成構成買方的股票需求支撐帶。即一旦股價從上回落到這一價位便會產生反彈，而股價反彈後便又遇賣盤打壓，再度回落至買方支撐帶，再次反彈高點不會超前一高點。

　　這種「打壓－反彈－再打壓」的向下蓄勢姿態，逐漸瓦解多方鬥志，產生多殺多情況，預示多方陣線的最終崩潰。

4-2-3　下降三角形實戰案例分析

如果股價經過長時間上漲，且累計漲幅較大，然後在高位寬度震盪，震盪過程中形成下降三角形。那麼不僅要注意上邊線的假突破，還要注意下邊線的支撐是否有效突破。一旦有效突破，一定要果斷出場觀望，否則會損失慘重。

如圖 4-7 所示的是鵬鼎控股（002938）2020 年 9 月 9 日至 2021 年 5 月 10 日的日 K 線圖。其股價經過長時間、大幅度上漲之後，創出 61.57 元高點，但在創出高點這天，股價卻收一根轉勢長十字線。

▲ 圖 4-7　鵬鼎控股（002938）日 K 線

隨後股價開始在高位震盪盤整，震盪整理過程中出現下降三角形，股價在 A 處跌破下方支撐線，這意味新的一波下跌行情開始。所以手中還有該股票籌碼的投資人，一定要果斷賣出，否則就會被套牢，從而

第 4 章　整理型態出現時，教你不錯過下一個「賺波段的機會」

損失慘重。

在明顯的下跌趨勢中如果股價出現反彈，過程中出現下降三角形且跌破下邊支撐線，投資人就要果斷出場，否則是相當危險的。

如圖 4-8 所示的是哈空調（600202）2020 年 9 月 9 日至 2021 年 2 月 4 日的日 K 線圖。其股價在明顯的下跌行情中出現反彈上漲，然後開始震盪。在震盪過程中出現下降三角形，然後在 A 處跌破下方支撐線。這意味新的下跌開始，投資人一定要及時賣出所持有的股票籌碼。

▲ 圖 4-8　哈空調（600202）日 K 線

如果股價經過長時間的大幅下跌之後，開始震盪上升且漲幅不大，這時出現下降三角形型態。此時投資人不要恐慌，很可能是主力在上升過程中，騙取散戶手中的低價籌碼。

如圖 4-9 所示的是酒鋼宏興（600307）2020 年 12 月 22 日至 2021 年 5 月 12 日的日 K 線圖。其股價經過長時間、大幅度下跌之後，創出 1.43

元低點，然後股價開始震盪上漲。在震盪上漲初期股價出現回檔，回檔出現下降三角形。

投資人要注意當前股價已見底，所以看到該股價後期走勢的投資人，可以耐心持有，短線高手則可以減倉以應對風險。但當股價放量向上突破上方壓力線時，即 A 處，投資人要及時買進，短時間內就會有較大的收益。

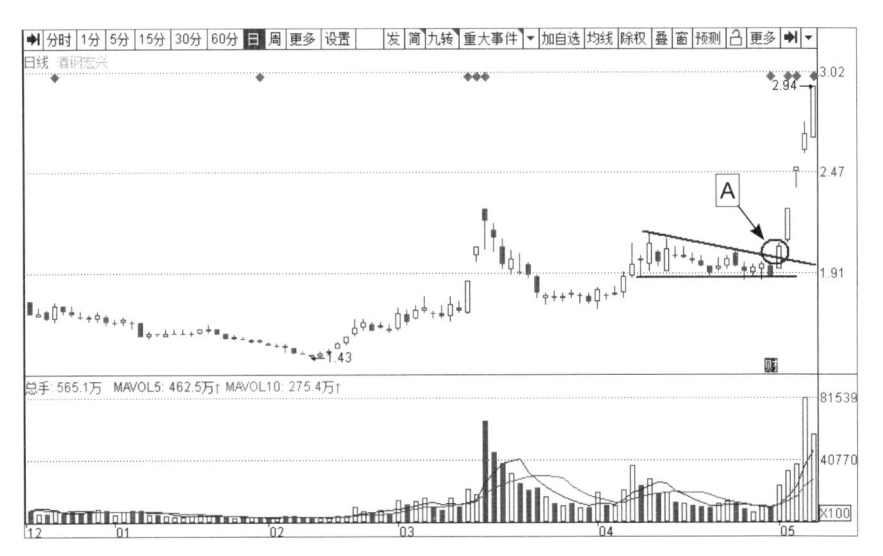

▲ 圖 4-9　酒鋼宏興（600307）日 K 線

4-3 擴散三角形是大跌訊號，投資人要迅速離場

擴散三角形是常見的 K 線整理型態，當個股中出現這種 K 線型態時，繼續下跌的機率很大。下面就來具體講解該型態的特徵、技術含義、操作注意事項及實戰案例分析。

4-3-1　擴散三角形的特徵

擴散三角形出現在股價的上漲趨勢中，即股價上升的高點越來越高，而下跌的低點越來越低，將兩個高點連成直線，再將兩個低點連成直線，就像一個喇叭。擴散三角形的圖形如圖4-10所示。

擴散三角形常常出現在投機性很強的個股上，當股價上漲時，投資人受到市場中火熱的投機氣氛或流言的感染瘋狂追漲，成交量急劇放大；而當股價下跌時則盲目殺跌，所以造成股價大起大落。擴散三角形是大跌的前兆，投資人見到此型態後，要及時停損退出，否則會損失慘重。

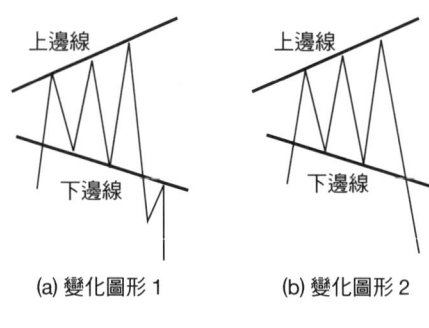

```
        上邊線                    上邊線

        下邊線                    下邊線

    (a) 變化圖形 1            (b) 變化圖形 2
```

▲ 圖 4-10　下降三角形型態

4-3-2　擴散三角形的技術含義

　　由於股價波動的幅度越來越大，形成越來越高的三個高點，以及越來越低的兩個低點。這說明當時的股票交易異常活躍，成交量日益放大，市場已失去控制，完全由參與交易的公眾的情緒決定。

　　在目前這個混亂的時期進入股市是很危險的，進行交易也十分困難。經過劇烈的動盪之後，投資人的熱情會漸漸消退，慢慢遠離這個市場，股價將逐步往下運行。

　　三個高點和兩個低點是擴散三角形已經完成的標誌，投資人應該在第三峰調頭向下時就賣出手中的股票，這在大多數情況下是正確的。如果股價進一步跌破第二個谷底，則擴散三角形完成得到確認，賣出股票更成為必然。

4-3-3　擴散三角形的操作注意事項

　　擴散三角形的操作注意事項，具體如下：
　　第一，標準的擴散三角形至少包含三個轉折高點和兩個轉折低點。

這三個高點一個比一個高，兩個低點可以在水平位置，或者右邊低點低於左邊低點；當股價從第三個高點回跌，其回落的低點比前一個低點低時，可以假設型態的成立。

將高點與低點各自聯結成頸線後，兩條線所組成的區域外觀就像一個喇叭形，由於其屬於「五點轉向」型態，故較平緩的擴散三角形，也可視之為一個有較高右肩和下傾頸線的頭肩頂。

第二，擴散三角形在整個型態形成的過程中，成交量保持著高且不規則的波動。擴散三角形是由於投資人衝動和非理性的情緒造成的，絕少在跌市的底部出現。因為股價經過一段時間的下跌之後，市場毫無人氣，在低沉的市場氣氛中，不可能形成這種型態。而不規則的成交波動，反映出投資人激動且不穩定的買賣情緒，這也是大跌市來臨前的先兆。因此，擴散三角形為下跌型態，暗示升勢將到盡頭。

第三，擴散三角形下跌的幅度無法測量，也就是說沒有跌幅的計算公式可估計未來跌勢，但一般來說跌幅都將極深。擴散三角形右肩的上漲速度雖快，但右肩破位下行的速度更快，型態卻沒有明確指出跌市出現的時間，只有當下限跌破時型態便可確定，投資人該馬上停利或停損出場了。在擴散三角形構築後出現了快速暴挫。

第四，擴散三角形也有可能失敗，即會向上突破，尤其擴散三角形的頂部是由兩個同一水平的高點連成，如果股價以高成交量向上突破，那麼顯示前面上升的趨勢仍會持續。但對於穩健保守的投資人而言「寧可錯過，不能做錯」，不必過於迷戀這種風險大於收益的行情，畢竟擴散三角形的構築頭部機率十分大。

4-3-4　擴散三角形實戰案例分析

如果股價經過長時間上漲且累計漲幅較大，然後在高位寬度震盪，形成擴散三角形，這很可能是大跌的前兆。投資人見到此型態後要及時停損出場，否則會損失慘重。

如圖4-11所示的是隆基股份（601012）2020年12月18日至2021年3月24日的日K線圖。其股價經過長時間、大幅度上漲後在高位震盪，震盪盤整過程出現擴散三角形，然後在A處跌破下方支撐線，且反彈也沒有站上支撐線。所以投資人在A處，要及時賣出手中的股票籌碼，否則會越套越深。

在明顯的下跌趨勢中如果股價出現反彈，過程中出現擴散三角形，且股價跌破下邊支撐線，此時投資人就要果斷出場，否則相當危險。

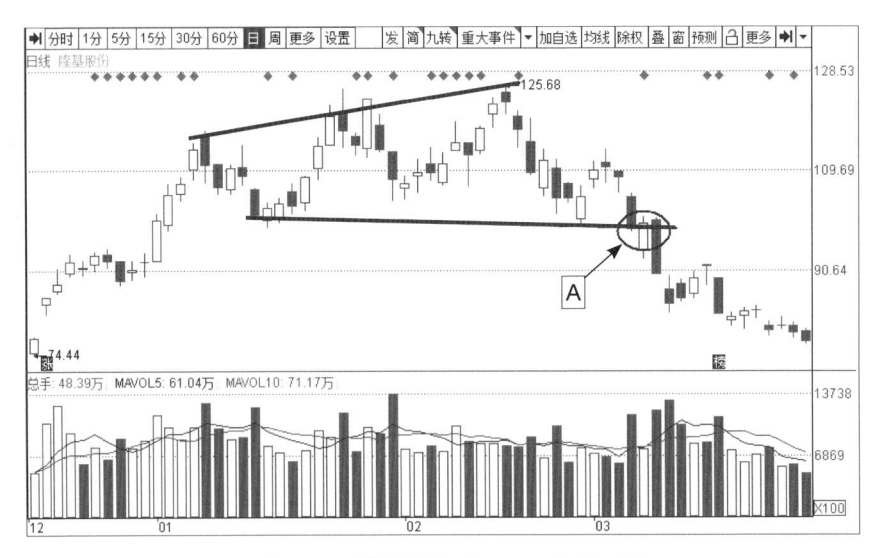

▲ 圖4-11　隆基股份（601012）日K線

第 4 章　整理型態出現時，教你不錯過下一個「賺波段的機會」

如圖 4-12 所示的是 ST 紅太陽（000525）2020 年 11 月 19 日至 2021 年 5 月 17 日的日 K 線圖。其股價在明顯的下跌行情中出現反彈，在反彈末期出現擴散三角形。

▲ 圖 4-12　ST 紅太陽（000525）日 K 線

在 A 處，股價跌破擴散三角形的下邊線，這表示擴散三角形已完成，後市還會有大跌，所以在這裡一定要及時停損出場觀望。千萬不能心存幻想繼續硬撐，否則會損失慘重。

如果股價經過長時間的大幅下跌後開始震盪上升，且漲幅不大，這時出現擴散三角形，投資人不要恐慌，很可能是主力在上升過程中騙取散戶手中的低價籌碼。

如圖 4-13 所示的是渝三峽 A（000565）2020 年 12 月 8 日至 2021 年 3 月 31 日的日 K 線圖。其股價經過長時間、大幅度的下跌後創出 3.86 元低點，然後開始震盪上漲。在震盪上漲初期出現擴散三角形，這很可能

是主力經由誘空，來騙取散戶手中的籌碼。在 A 處股價突破上邊線，這表示股價要開始新的一波上漲了，投資人要敢於在 A 處加倉做多。

▲ 圖 4-13　渝三峽 A（000565）日 K 線

4-4 收斂三角形是觀望訊號，出手前再想一想

收斂三角形既可以出現在跌勢，也可以出現在漲勢，是常見的 K 線整理型態。下面具體講解該型態的特徵、技術含義及實戰案例分析。

4-4-1 收斂三角形的特徵

收斂三角形每次上漲的高點連線，與每次回落的低點連線相交於右方，呈收斂狀，其形狀像一把三角形尖刀。收斂三角形的圖形如圖 4-14 所示。

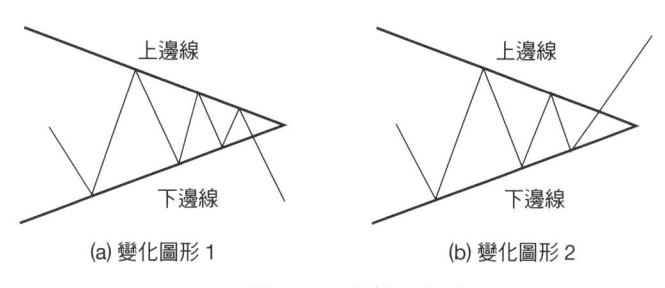

▲ 圖 4-14 收斂三角形

收斂三角形與擴散三角形的形狀正好顛倒,擴散三角形最終向下的機率較大,而收斂三角形整理後可能向上,也可能向下,是一個觀望訊號。

在漲勢中,如果放量收於壓力線上方,可追加籌碼;如果向下突破,要看空、做空。在跌勢中,如果放量收於壓力線上方,也不要急於跟進,而是當回探壓力線後再創新高時再適量買進,其他情況下都要做空。

4-4-2 收斂三角形的技術含義

收斂三角形是因為買賣雙方的力量在該段價格區域內勢均力敵,暫時達到平衡狀態所形成。股價從第一個短期性高點回落,但很快地被買方消化,推動價格回升;而購買的力量對後市沒有太大的信心,又或是對前景感到有點猶疑,因此股價未能回升至上次高點,再一次下跌。

在下跌的階段中,那些賣出的投資人不願意以太低價賤售或對前景仍存有希望,所以回落的壓力不強,股價未跌到上次的低點便已告回升,買賣雙方的觀望性爭持使股價的上下小波動日漸縮窄,形成了此一型態。

成交量在收斂三角形形成的過程中不斷減少,正反映出看淡力量對後市猶疑不決的觀望態度,使市場暫時沉寂。

由於收斂三角形屬於整理型態,所以只有在股價朝其中一方明顯突破後,才可以採取相應的買賣行動。如果股價往上衝破壓力(必須得到大成交量的配合),就是一個短期買入訊號;如果股價是往下跌破(在低成交量之下跌破),便是一個短期賣出訊號。

4-4-3　收斂三角形實戰案例分析

如果股價經過長時間大幅下跌，探明底部區域，然後開始震盪上升，在上漲初期若出現收斂三角形，當股價放量突破收斂三角形的上邊線時，是相當不錯的買點。

如圖 4-15 所示的是海天精工（601882）2020 年 1 月 23 日至 2020 年 8 月 12 日的日 K 線圖。其股價經過長時間、大幅度下跌後創出 6.31 元低點，隨後開始震盪上漲，在上漲初期出現收斂三角形。需要注意的是，最後股價是跳空高開突破上方壓力線，這表示股價要開始新的上漲行情，投資人在 A 處可以買進股票。

如果股價處於明顯的上升趨勢中，且上漲幅度並不大，這時出現收斂三角形整理型態，當股價突破其上邊線時，投資人也要敢於加倉做多。

▲ 圖 4-15　海天精工（601882）日 K 線

如圖 4-16 所示的是比亞迪（002594）2020 年 9 月 11 日至 2021 年 2 月 2 日的日 K 線圖。其股價在明顯的上升行情中出現震盪整理，整理過程中出現收斂三角形，然後在 A 處股價向上突破上邊線，這意味股價又要開始上漲了，所以 A 處可以買進該股票。

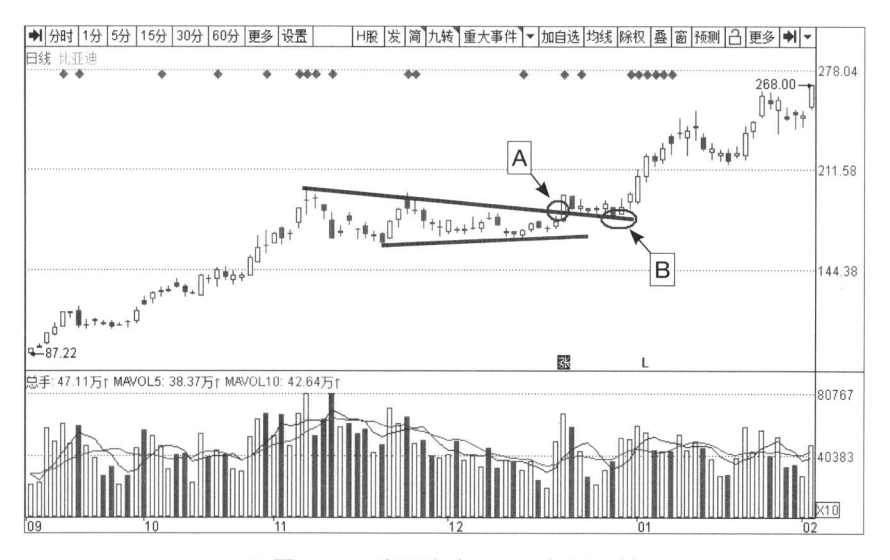

▲ 圖 4-16　比亞迪（002594）日 K 線

需要注意的是，股價突破上邊線後沒有直接上漲，而是繼續震盪回檔，但股價始終在上邊線上方。所以當股價回檔到上邊線時，即 B 處，又是一次買進該股票的機會。

如果股價經過長時間大幅上漲，然後在高位反覆震盪，過程中出現收斂三角形，這時最好輕倉操作，畢竟風險大於獲利，所以還是小心為佳。

如圖 4-17 所示的是英科醫療（300677）2021 年 1 月 6 日至 2021 年 6 月 10 日的日 K 線圖。其股價經過長時間、大幅度上漲後創出 299.99 元

第 4 章　整理型態出現時，教你不錯過下一個「賺波段的機會」

高點，然後開始震盪下跌，在震盪下跌的初期出現反彈整理，整理過程中出現收斂三角形。然後在 A 處，股價跌破下邊線支撐，意味著震盪盤整結束，要開始新的一波下跌行情，所以投資人在 A 處要果斷賣出手中的股票。

▲ 圖 4-17　英科醫療（300677）日 K 線

在明顯的下跌趨勢中如果股價出現反彈，在反彈過程中出現收斂三角形，且股價跌破下邊支撐線，此時投資人就要果斷出場，否則是相當危險的。

如圖 4-18 所示的是海特生物（300683）2020 年 7 月 27 日至 2021 年 2 月 4 日的日 K 線圖。其股價創出 69.38 元高點後在高位略做震盪，隨後就開始震盪下跌。先是跌破 5 日均線，然後跌破 10 日均線，接著跌破 30 日均線，均線呈空頭排列，股價進入震盪下跌階段。

股價經過一大波下跌後出現反彈，反彈的力量不強，並且出現收斂

三角形，在 A 處跌破下方支撐線，這意味著反彈結束，要開始新的一波下跌了。手中還有該股票的投資人一定要及時賣出，否則只會越套越深。

▲ 圖 4-18　海特生物（300683）日 K 線

4-5 上升旗形從這 3 方面判別，就不會誤認

上升旗形是常見的 K 線整理型態，當個股中出現這種 K 線型態時，繼續上漲的機率很大。下面就來具體講解該型態的特徵、技術含義、操作注意事項及實戰案例分析。

4-5-1 上升旗形的特徵

股價經過一段時間的上漲後出現回檔，如果將其反彈的高點用直線連接起來，再將回檔中的低點也用直接連接起來，就可以發現其圖形像一面掛在旗竿上迎風飄揚的旗子，這就是上升旗形，如圖 4-19 所示。

上升旗形在向上突破壓力線時要放大量，且突破後一般會有回測，在原來高點連接處止跌回升，從而確認突破有效。上升旗形是誘空陷阱，是一個買進訊號，安全起見，投資人應在最後股價突破壓力線後，小幅回檔再創新高時買進。小心不要被股價下移所迷惑，持籌者可靜觀其變。

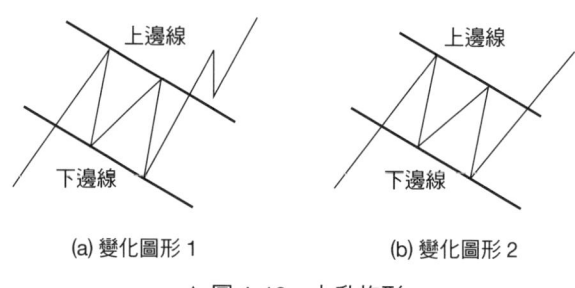

```
        上邊線                    上邊線


   下邊線                    下邊線

  (a) 變化圖形 1              (b) 變化圖形 2
```
▲ 圖 4-19　上升旗形

4-5-2　上升旗形的技術含義

　　在上升旗形的形成過程中成交量逐漸遞減，投資人因對後市看好而普遍存有惜售心理。導致市場的賣壓減輕，新的買盤不斷介入，直到形成新的向上突破，完成上升旗形的走勢。

　　成交量伴隨著旗形向上突破逐漸放大，與前一波行情一樣再度拉出一根旗杆，開始新的多頭行情。所以說上升旗形是強勢的特徵，投資人在整理的末期可以大膽介入，享受新的飆升行情。

4-5-3　上升旗形的操作注意事項

　　上升旗形的操作注意事項，具體如下：

　　第一，上升旗形很容易誤解為頭部反轉，投資人可以從三個方面判斷。

(1) 從量價配合上進行判斷

　　股價經過大幅上揚出現整理，形成類似旗形整理的型態，如果在整理過程中，下跌的成交量逐漸萎縮，而上漲的成交量卻明顯放大，這種走勢很可能是旗形。

(2) 從時間上進行判斷

如果整理的時間過長，就可能形成頂部。由於旗形是強勢的特徵，所以旗形整理的時間一般都比較短，股價很快便突破先前的高點，展開新行情。

(3) 從行情的幅度上進行判斷

如果股價已經漲很多或跌很多，就不能看作是旗形，而應該當作反轉型態來看。下降旗形的道理也是如此。

第二，牛市中的上升旗形，一般出現在行情的第一階段和第二階段，用波浪理論來說，即第一浪和第三浪。如果在第三階段即第五浪中出現劇烈的下跌，就不能看作是旗形整理了。也許股價還會上漲，但走勢往往創新高後便立刻反轉，變成其他頂部型態。

4-5-4 上升旗形實戰案例分析

如果股價經過幾次下跌後開始震盪盤升，在盤升的過程中出現上升旗形型態，當股價放量突破上升旗形的上邊線時，要果斷加倉做多。

如圖4-20所示的是北方稀土（600111）2020年10月14日至2021年3月3日的日K線圖。該股股價經過幾次下跌之後，創出9.94元低點，然後股價開始上漲。經過一波上漲後股價開始回檔，在回檔過程中出現上升旗形，然後在A處向上突破，所以A處是新的買入位置。

如果股價已經上漲一段時間且有一定的漲幅，但如果經過整理，且整理中出現上升旗形，當股價有效突破上邊線時，也可以順勢做多。

如圖4-21所示的是愛美客（300896）2020年9月29日至2021年2月10日的日K線圖。其股價在明顯的上漲行情中出現多次整理，每次整

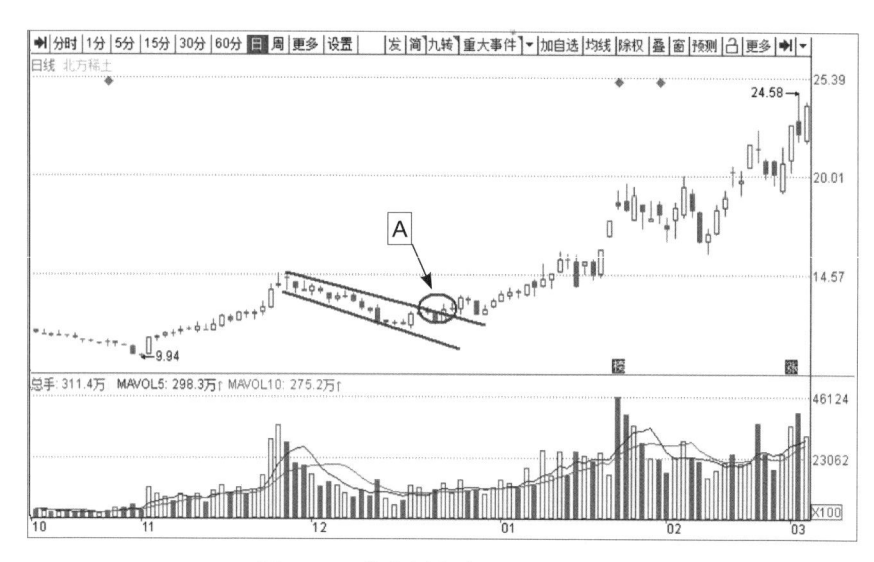

▲ 圖 4-20　北方稀土（600111）日 K 線

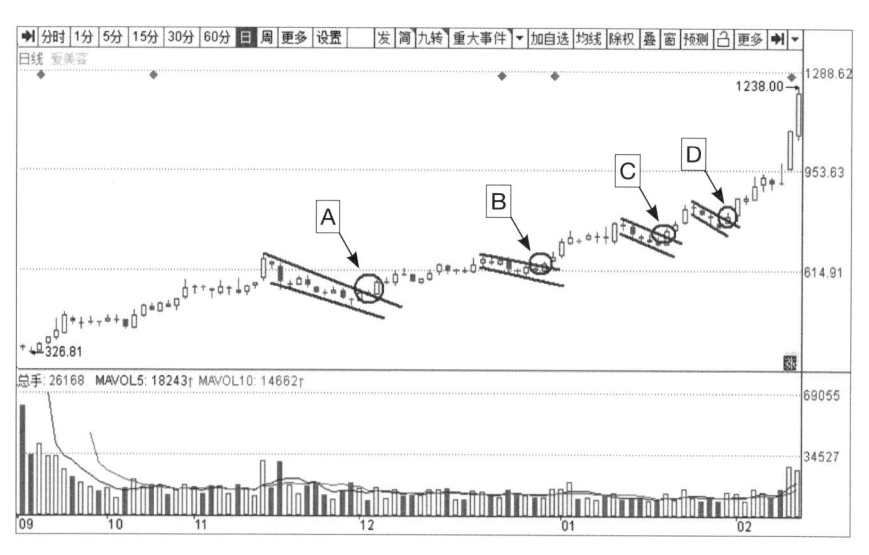

▲ 圖 4-21　愛美客（300896）日 K 線

第 4 章　整理型態出現時，教你不錯過下一個「賺波段的機會」

理都出現上升旗形，當股價突破上升旗形的上邊線時，都是不錯的買入機會，所以 A、B、C 和 D 處，都可以買入該股票。

> **專家提醒**
>
> 怎樣才能避免上主力的當呢？首先我們一定要意識到，股價已經大幅下跌過，現在僅僅是上升趨勢的開始，主力不可能只拉到這個程度就結束行情。所以從短線上說，見到不好 K 線可以減倉，但不要清倉，因為這樣可以保證心態平和。
>
> 另外，當股價在回檔過程中我們一定要了解，主力是在洗盤，是為了以後能有更好的拉升。所以每次回檔到一定位置時，可以分批建倉然後耐心持有，如果能堅持，就能成為股市中的贏家。

　　如果股價經過大幅上漲在高位震盪盤整，這時出現上升旗形，投資人要注意這很可能是主力在誘多。

　　如圖 4-22 所示的是珀萊雅（603605）2020 年 5 月 6 日至 2020 年 9 月 14 日的日 K 線圖。其股價經過長時間、大幅度上漲後，開始在高位震盪，震盪過程中出現上升旗形，然後在 A 處突破上邊線，所以 A 處可以短線買入該股票。隨後股價出現回檔，沒有跌破上邊線，B 處也是不錯的短線買入點。

　　隨後股價震盪上漲創出 193.48 元高點，然後股價繼續在高位震盪，再度出現上升旗形，在 C 處股價再度突破上邊線。但第 2 個交易日股價卻開低走低，這意味突破為假，所以 C 處要注意減倉或清倉。

　　隨後股價繼續中陰線下跌，然後在 D 處跌破下邊支撐線，這意味股價要開始下跌，所以在 D 處，投資人一定要賣出手中所有的股票籌碼。

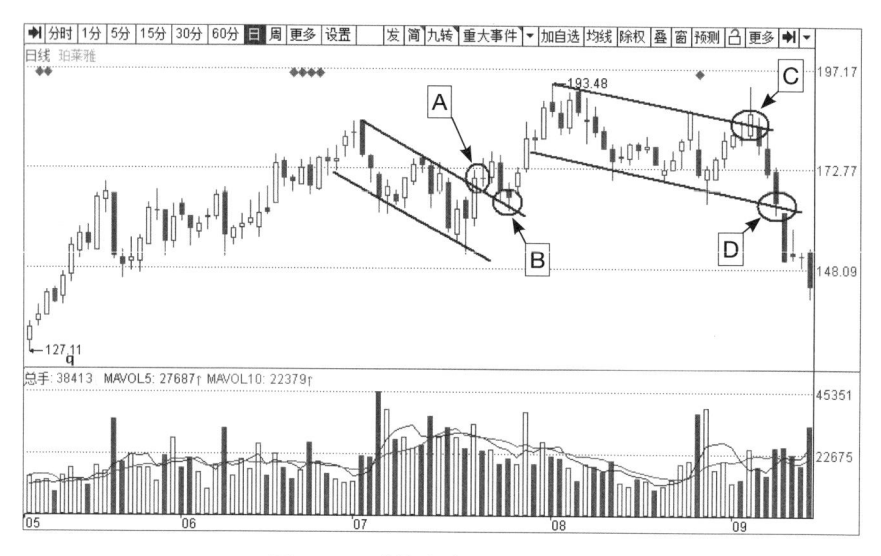

▲ 圖 4-22　珀萊雅（603605）日 K 線

4-6
下降旗形中，
每次反彈都是做空時機

下降旗形是常見的 K 線整理型態，當個股中出現這種 K 線型態時，繼續下跌的機率很大。下面就來具體講解該型態的特徵、技術含義及實戰案例分析。

4-6-1　下降旗形的特徵

下降旗形一般出現在跌勢中，每次反彈的高點連線平行於每次下跌低點的連線，且向上傾斜，看上去就像迎面飄揚的一面旗子。下降旗形的圖形如圖 4-23 所示。

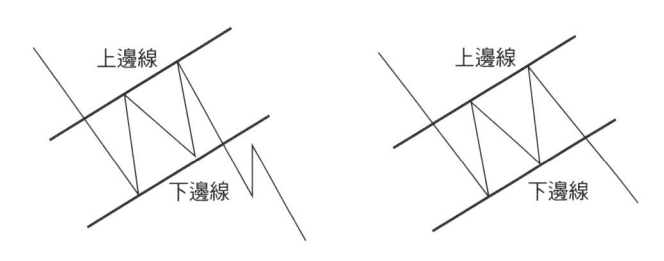

▲ 圖 4-23　下降旗形

下降旗形從表面上看是很不錯的，因為股價高點越來越高，而低點不斷抬升。且股價在上升通道中運行，常常得到成交量的支持，出現價升量增的喜人現象。

但投資人一定不能被其表面現象所迷惑，因為下降旗形是誘多陷阱，是一個賣出訊號。投資人應果斷停損離場，不要被股價上移所迷惑，要警惕主力的誘多行為，以持幣觀望為主。

4-6-2　下降旗形的技術含義

在下跌過程中成交量達到高峰，拋售的力量逐漸減少，在一定的位置有強支撐。於是形成第一次比較強勁的反彈，然後再次下跌、再反彈，經過數次反彈，形成一個類似於上升通道的圖形。

但每次反彈的力度隨著買盤的減少而下降，這個倒置的旗形往往會視為看漲。經驗豐富的投資人根據成交量和型態來判斷，排除了反轉的可能性，所以每次反彈都是做空的機會。經過一段時間整理，某天股價突然跌破旗形的下邊沿，新的跌勢終於形成。

4-6-3　下降旗形的操作注意事項

下降旗形的操作注意事項，具體如下：

第一，下降旗形一般出現在熊市的初期，投資人看到這種型態可以大膽沽空，後面有猛烈的跌勢，甚至出現崩盤式的暴跌。因此在這個階段形成的旗形型態大都比較小，可能只有5～6個交易日。由於下跌的能量充足、反彈無力，下跌時的成交量無須很大，慣性的作用很快將股價打下去。

第 4 章　整理型態出現時，教你不錯過下一個「賺波段的機會」

第二，如果在熊市的末期出現下降旗形走勢，突破的成交量放大，可是價格下跌的幅度卻不大，投資人就要當心了。一般情況下，熊市末期出現的下降旗形時間比較長，下跌的幅度未能達到目標位，很可能形成空頭陷阱。

4-6-4　下降旗形實戰案例分析

如果股價經過大幅上漲且累計漲幅較大，然後在高位震盪，震盪中出現下降旗形型態。這時若跌破下邊支撐線，就要果斷出場，否則相當危險。

如圖 4-24 所示的是比亞迪（002594）2020 年 12 月 14 日至 2021 年 5 月 7 日的日 K 線圖。其股價經過長時間、大幅度上漲後在高位震盪，需要注意的是，股價在高位震盪過程中出現下降旗形，即低點不斷抬高，

▲ 圖 4-24　比亞迪（002594）日 K 線

高點之後還有高點,從表面上來看,是一個相當明顯的上升通道。

但投資人要明白,股價已大幅上漲,主力進場的目的是賺錢,所以股價在高位,只要型態完好投資人可以看漲,且持股不動,讓利潤自己向前奔跑。

但投資人心中一定要清楚現在是高位,一旦出現什麼風吹草動,股價可能就會大跌。所以在這裡一定要留意是否出現不利的K線訊號,一旦出現就先減倉,或清倉出場再說。

在A處,股價一根中陰線跌破下方支撐線,這表示上漲型態出現明顯的走壞型態,投資人要及時減倉或清倉觀望。從其後走勢來看,後市股價一路下跌,且沒有出現反彈行情,所以一旦有不利的訊號,及時賣出是最佳選擇。

如果股價在下跌初期,或下跌途中的反彈行情出現下降旗形型態,當股價有效突破下方支撐線時,也要果斷停損出場,否則很容易被套在半山腰。

如圖4-25所示的是洪都航空(600316)2020年12月24日至2021年4月30日的日K線圖。其股價從63.18元開始下跌,一路震盪下跌到37.98元,然後開始反彈。反彈過程中出現下降旗形,這裡很容易使投資人產生混亂,因為股價剛下跌後就出現反彈,如果認為股價回檔後還會大幅上漲,那就大錯特錯。

但如果投資人對下降旗形比較瞭解的話,就會發現這裡有很多問題。首先股價經過大幅拉升,從5元左右一直上漲到63.18元,漲幅之大讓人吃驚,且剛剛回檔。投資人要警覺到在此處可能上漲,但也可能下跌,如果下跌則跌幅巨大。

經由後面的圖形走勢可以看到,這裡是主力為散戶精心佈置的一個誘多陷阱,如果投資人對技術一知半解,很可能買進股票,那後果就是

第 4 章　整理型態出現時，教你不錯過下一個「賺波段的機會」

▲ 圖 4-25　洪都航空（600316）日 K 線

被深深套牢。所以在 A 處，股價跌破下降旗形的下邊線一定要及時出場，否則後果相當嚴重。

如果股價經過大幅下跌已探明底部區域，然後震盪上升，過程中出現下降旗形，即使股價跌破下方支撐線也不要恐慌，畢竟只是回檔，而不是新的下跌行情。短線投資人可以減倉應對風險，而中長線投資人可以持倉不動。如圖 4-26 所示的是金花股份（600080）2020 年 5 月 5 日至 2022 年 9 月 9 日的日 K 線圖。

其股價經過長時間、大幅度下跌後，創出 3.70 元低點，注意在創出低點這天，股價收一根低開高走的大陽線，這意味要開始上漲。

隨後股價開始震盪上漲，經過十幾個交易日上漲之後出現回檔，然後繼續上漲，這時出現下降旗形。

在震盪上升的初期出現下降旗形，A 處股價跌破上降旗期的下邊線。短線投資人可以減倉，然後逢低再買進，中長線投資人可以持倉不

149

▲ 圖 4-26　金花股份（600080）日 K 線

動。原因是股價才剛剛轉勢，下跌是為了清洗短線獲利籌碼，騙取散戶手中的低廉籌碼，不要輕易上主力的當。

　　股價跌破下降旗形的下邊線之後，並沒有跌多深，而是跌到前期下跌的低點附近就開始震盪上漲。要注意的是，震盪上漲過程中又出現收斂三角形，然後在 B 處突破收斂三角形上邊線壓力，開始新的一波上漲。

4-7 上升楔形是誘多陷阱，千萬不要被低點上移騙了

上升楔形是常見的 K 線整理型態，當個股中出現這種 K 線型態時，繼續上漲的機率很大。下面就來具體講解該型態的特徵、技術含義及實戰案例分析。

4-7-1 上升楔形的特徵

上升楔形出現在跌勢中，反彈高點的連線與下跌低點的連線相交於右上方，其形狀構成一個向上傾斜的楔形圖，最後股價跌破支撐線向下滑落。上升楔形的圖形如圖 4-27 所示。

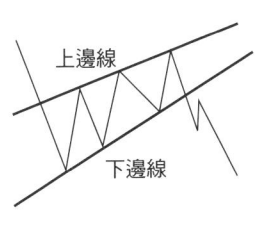

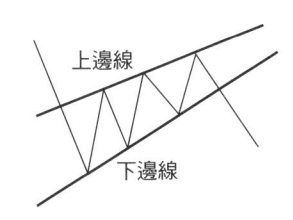

(a) 變化圖形 1　　　　(b) 變化圖形 2

▲ 圖 4-27　上升楔形

4-7-2　上升楔形的技術含義

上升楔形在形成過程中成交量不斷減少，呈現價升量減的反彈特徵。上升楔形是誘多陷阱，表示升勢已盡，是一個賣出訊號。投資人不要被低點上移所迷惑，應保持警覺，以持幣觀望為妙。

4-7-3　上升楔形實戰案例分析

如果股價經過大幅上漲，並且累計漲幅較大，然後在高位震盪，震盪中出現上升楔形型態。這時若跌破下邊支撐線，投資人就要果斷出場，否則是相當危險的。如圖4-28所示的是邁瑞醫遼（300760）2020年11月27日至2021年3月9日的日K線圖。

其股價經過長時間、大幅度上漲，然後在高位震盪。震盪過程中出現上升楔形，即低點不斷抬高，高點之後還有高點。表面上看是一個相當明顯的上升通道。但投資人要明白，股價已大幅上漲，主力進場的目的是賺錢，所以股價在高位只要型態完好，可以看漲且持股不動，讓利潤自己向前奔跑。

但投資人心中一定要清楚現在是高位，只要一有風吹草動，股價可能就會大跌。所以在這裡一定要關注不好的K線訊號，一旦出現要先減倉，或清倉出場再說。

在A處，股價跌破上升楔形的下邊線，所以在這裡最好及時出場觀望。從其後走勢可以看到，股價跌破下邊支撐線後，開始連續下跌行情，不及時出場就會造成獲利回吐，甚至由獲利變為虧損。

如果股價在下跌初期或下跌途中，出現上升楔形型態，很多投資人都會認為到了階段性底部或即將大力反彈，所以很多散戶開始買進，且

第 4 章　整理型態出現時，教你不錯過下一個「賺波段的機會」

▲ 圖 4-28　邁瑞醫療（300760）日 K 線

反彈一波高於一波。

但投資人一定要明白這是下跌趨勢，也要知道這可能是上升楔形型態，主力在誘多的可能性很高，即拋售手中沒有賣完的貨。如圖 4-29 所示的是凱利泰（300326）2020 年 7 月 7 日至 2021 年 2 月 1 日的日 K 線圖。

其股價經過長時間、大幅度上漲後，創出 31.38 元高點，然後股價開始震盪下跌。在震盪下跌初期和過程中，不斷出現上升楔形，當股價跌破下邊線支撐時，有抄底的多單都要及時賣出，否則會被套在半山腰，將會損失慘重。所以 A、B、C 和 D 處，都要果斷賣出手中的股票籌碼。

如果股價經過大幅下跌，已探明底部區域然後震盪上升，過程中出現上升楔形，即使股價跌破下方支撐線，也不要恐慌。畢竟只是回檔，而不是新的下跌行情，所以短線投資人可以減倉應對風險，而中長線投資人可以持倉不動。

153

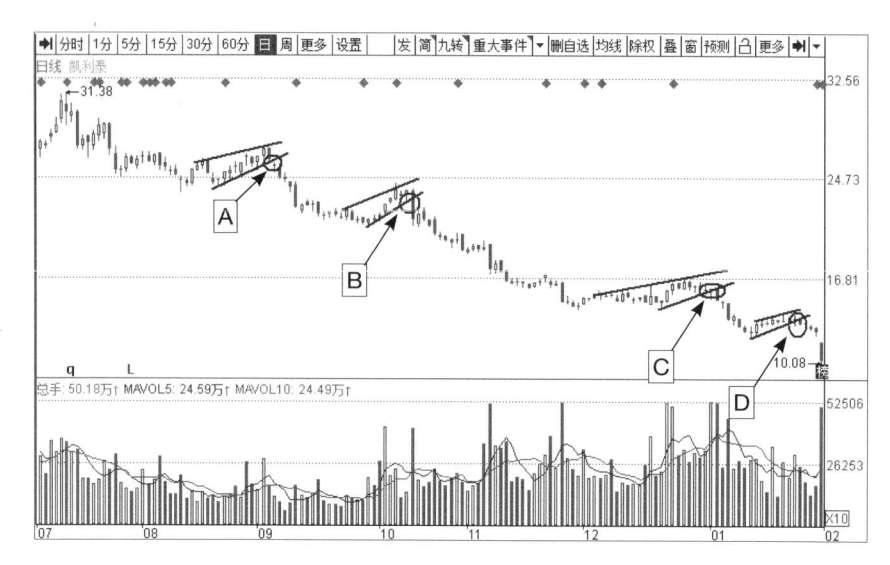

▲ 圖 4-29　凱利泰（300326）日 K 線

　　如圖 4-30 所示的是西藏藥業（600211）2021 年 2 月 2 日至 2021 年 5 月 14 日的日 K 線圖。其股價經過長時間、大幅度的下跌之後，從 182.07 元一路下跌到 44.40 元，然後開始在低位震盪。低位震盪後出現一波上漲，即在上漲初期出現上升楔形。

　　在 A 處，股價跌破上升楔形的下邊線，短線投資人可以減倉，然後逢低再買進，而中長線投資人可以持倉不動。原因是股價才剛剛轉勢，下跌是為了清洗短線獲利籌碼，騙取散戶手中的低廉籌碼，不要輕易上主力的當。

　　從其後走勢可以看出，股價跌破上升楔形下邊線後，連續大陰線殺跌。但在前期震盪平台的高點附近止跌，再度上漲，所以中線持有者往往會獲利較高。

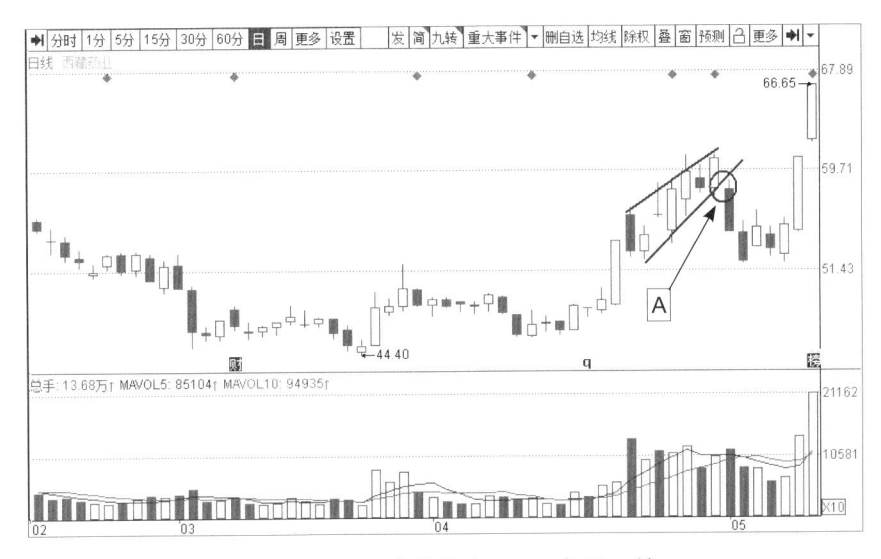

▲ 圖 4-30　西藏藥業（600211）日 K 線

4-8 下降楔形是誘空陷阱，要看準這時機買進……

下降楔形是常見的 K 線整理型態，當個股中出現這種 K 線型態時，繼續上漲的機率很大。下面就來具體講解該型態的特徵、技術含義及實戰案例分析。

4-8-1 下降楔形的特徵

下降楔形出現在漲勢中，每次上漲的高點連線與每次回落低點的連線相交於右下方，其形狀構成一個向下傾斜的楔形圖。最後股價突破壓力線，並收於其上方。下降楔形的圖形如圖 4-31 所示。

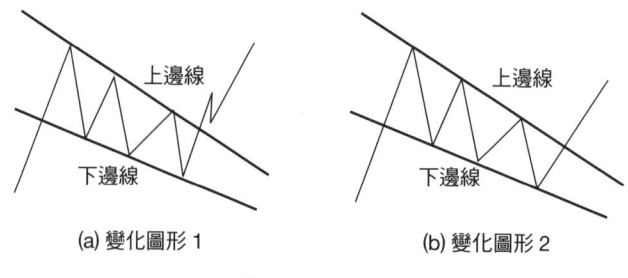

(a) 變化圖形 1　　(b) 變化圖形 2

▲ 圖 4-31　下降楔形

4-8-2 下降楔形的技術含義

下降楔形在形成過程中成交量不斷減少，向上突破壓力線時要放大量，且突破後一般會有回測，在原來高點連接處止跌回升，從而確認突破有效。下降楔形是誘空陷阱，是一個買進訊號，安全起見，最後在股價突破壓力線後，可在小幅回檔再創新高時買進。

4-8-3 下降楔形實戰案例分析

如果股價經過幾波下跌後開始震盪盤升，在盤升的過程中出現下降楔形，當股價放量突破下降楔形的上邊線時，要果斷加倉做多。如圖4-32所示的是馬應龍（600993）2021年1月25日至2021年7月1日的日K線圖。

▲ 圖4-32　馬應龍（600993）日K線

其股價從 2020 年 7 月 22 日的 28.19 元，一路震盪下跌至 2021 年 2 月 4 日的 17.40 元，隨後股價開始長時間震盪築底。震盪築底成功後，股價開始沿著 10 日均線上漲，經過兩波上漲後出現回檔。

這時出現一個下降楔形，即反彈不創新高，下跌創新低，很多投資人在這裡就認為下跌行情又開始了，紛紛停損離場觀望，這恰恰中了主力的誘空之計。因為這是主力在低位利用技術型態來誘空，騙取散戶投資人手中的低廉的籌碼。

從其後走勢來看，股價在 A 處突破下降楔形的上邊線之後，就開始新的波段上漲，且不斷創新高。

如果股價已經上漲一段時間且有一定的漲幅，但如果經過整理，且整理中出現下降楔形，當股價有效突破上邊線時，也可以順勢做多。如圖 4-33 所示的是探路者（300005）2021 年 3 月 25 日至 2021 年 6 月 30 日的日 K 線圖。

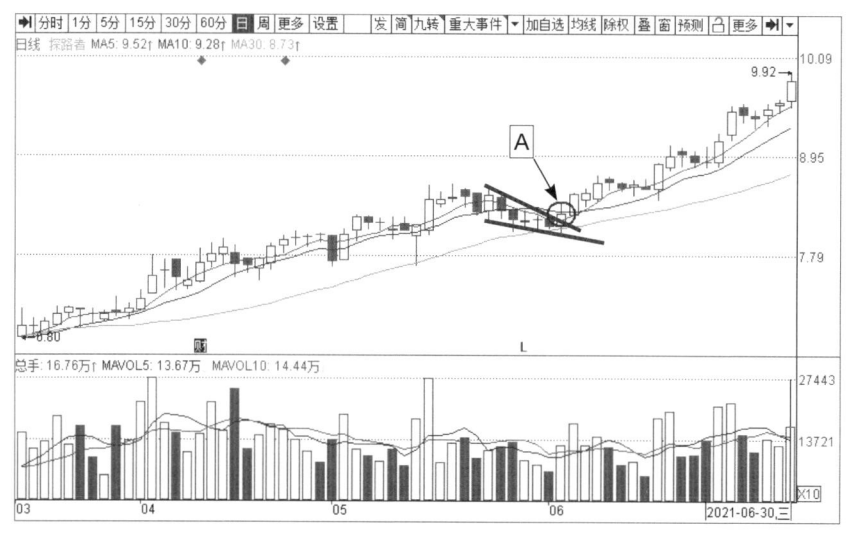

▲ 圖 4-33　探路者（300005）日 K 線

第 4 章　整理型態出現時，教你不錯過下一個「賺波段的機會」

　　該股股價在明顯的上漲行情中出現整理，在整理過程中出現下降楔形，正好回檔到 30 日均線附近，股價止跌，然後一根中陽線突破下降楔形的上邊線，即 A 處，所以 A 處可以順勢加倉做多。

　　另外要注意，底部買入的投資人，常常在上升震盪中被主力淘汰出場，原因是當股價連續拉升後已有不錯的獲利，這時來個下降楔形或上升旗形清洗，很多投資認為行情已到頂，就紛紛拋股離場。而主力經由打壓洗盤後就開始重新拉升，所以投資人一定要注意下降楔形這處空頭陷阱。

　　如果股價已經經過長時間的上漲，並且漲幅較大，在高位震盪中出現下降楔形型態，這時一定要注意假突破，尤其是股價再次跌破下降楔形下方支撐線時，一定要果斷出場。如圖 4-34 所示的是福耀玻璃（600660）2020 年 12 月 14 日至 2021 年 3 月 24 日的日 K 線圖。

　　其股價經過長時間、大幅度上漲之後，開始在高位震盪，在高位震

▲ 圖 4-34　福耀玻璃（600660）日 K 線

盪過程中出現一個下降楔形。投資人在這裡一定要明白，這是在高位震盪，主力很可能會利用技術來誘多，如果想當然地去按技術做多，只會把自己套在高高的山頂上。

在 A 處，股價盤中高開站上下降楔形的上邊線，但收盤卻收一根大陰線，這表示向上突破是假、下跌是真，所以投資人在 A 處要減倉或清倉。

隨後股價繼續下跌，並且跌破 30 日均線，然後繼續下跌，跌破下降楔形的下邊線，即 B 處。這意味著股價要開始新的一波下跌，手中還有籌碼的投資人，要及時賣出。

4-9 遇到矩形型態時，得找出向上或向下的突破

矩形既可以出現在跌勢，也可以出現在漲勢中，是常見的K線整理型態。下面就來具體講解該型態的特徵、技術含義實戰案例分析。

4-9-1 矩形的特徵

矩形是股價由一連串在兩條水平的上下界線之間變動而成的型態。股價在其範圍之內反覆運動，股價上升到某水平線時遇壓力回落，很快又獲得支持並反彈，但回升到上次同一高點時再次受阻，而再回檔到上次低點時又獲得支撐。

如果將股價的最高點和最低點分別用直線連接起來，就形成一個長方形，最後尋求向下或向上突破。矩形的圖形如圖4-35所示。

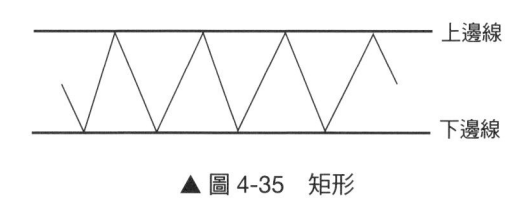

▲ 圖 4-35 矩形

4-9-2　矩形的技術含義

矩形形成過程中成交量不斷減少，在上下反反覆覆運行，直到一方力量耗盡，出現突破方向為止。在矩形盤整過程中，投資人不介入為宜，如果向上突破，可採取做多策略；如果向下突破，則採取做空策略。

4-9-3　矩形實戰案例分析

股價經過大幅下跌，然後在底部震盪盤整，在這個過程中出現矩形型態。當股價突破矩形上邊線時及時跟進，則會有不錯的獲利。

如圖 4-36 所示的是第一創業（002797）2020 年 3 月 11 日至 2020 年 7 月 9 日的日 K 線圖。其股價經過較大幅度、較長時間下跌之後，在低

▲ 圖 4-36　第一創業（002797）日 K 線

位窄幅震盪，上方壓力為 7.40 元附近，下方支撐為 6.80 元附近。在這個窄幅區域中震盪了 4 個多月，形成矩形型態。

如果投資人長期關注該股，潛意識中要明白這點：「低位橫有多長，將來豎就會有多高」，所以要有耐心等待何時向上突破。在 A 處，股價突破了矩形的上邊線，在這裡要敢於加倉做多。

> **專家提醒**
>
> 為了防止是假突破，又怕錯過行情，可以分批建倉。例如先建 1/3 倉位，然後再根據行情走勢，不斷加倉。

如果股價已經大幅上漲，然後在高位進行橫盤整理，這時出現矩形型態，投資人就要小心了。尤其是突破矩形的下邊支撐線後，要果斷清倉出場，否則就會被套牢。

如圖 4-37 所示的是寧波聯合（600051）2020 年 6 月 30 日至 2021 年 2 月 4 日的日 K 線圖。其股價經過較長時間、較大幅度上漲之後，創出 14.50 元高點。需要注意的是創出高點這天，股價收了一根帶有長長上影線的中陰線（螺旋線），這表示股價有轉勢的可能。

隨後股價在高位震盪，形成矩形型態。投資人一定要明白，股價已大幅度上漲在高位震盪，如果不能向上突破，一旦向下跌就可能大跌。所以當股價跌破矩形下邊線時，要第一時間果斷、堅決賣出所有股票籌碼，否則就會損失慘重。

在 A 處，股價跌破矩形下邊線，這意味著震盪結束，要開始下跌行情了，所以投資人要果斷賣出手中所有籌碼。從其後走勢可以看出，如果不賣出籌碼，就會由獲利變為虧損，甚至被深套。

▲ 圖 4-37　寧波聯合（600051）日 K 線

Chapter 5

帶你分析缺口，有效判斷
多空變化和主力動向

5-1 為什麼會形成缺口？有哪些種類？

缺口是指股價在快速大幅變動中有一段價格沒有發生交易，顯示在 K 線圖上是一個真空區域，即缺口就是盤面交易的真空地帶。

> **專家提醒**
>
> 缺口在實戰中相當重要，經由分析缺口，投資人可以更能感知主力的一些動向，再結合大勢採取相應的策略。

5-1-1 向上跳空缺口 & 向下跳空缺口

股價在明顯的上升趨勢中，某一個交易日的最低價高於前一個交易日的最高價，就會在 K 線圖上留下一段當時價格不能覆蓋的缺口或空白，這就是向上跳空缺口，如圖 5-1 所示。

股價在明顯的下跌趨勢中，某一個交易日的最高價低於前一個交易日的最低價，也會在 K 線圖上留下一段當時價格不能覆蓋的缺口或空白，這就是向下跳空缺口，如圖 5-2 所示。

第 5 章　帶你分析缺口，有效判斷多空變化和主力動向

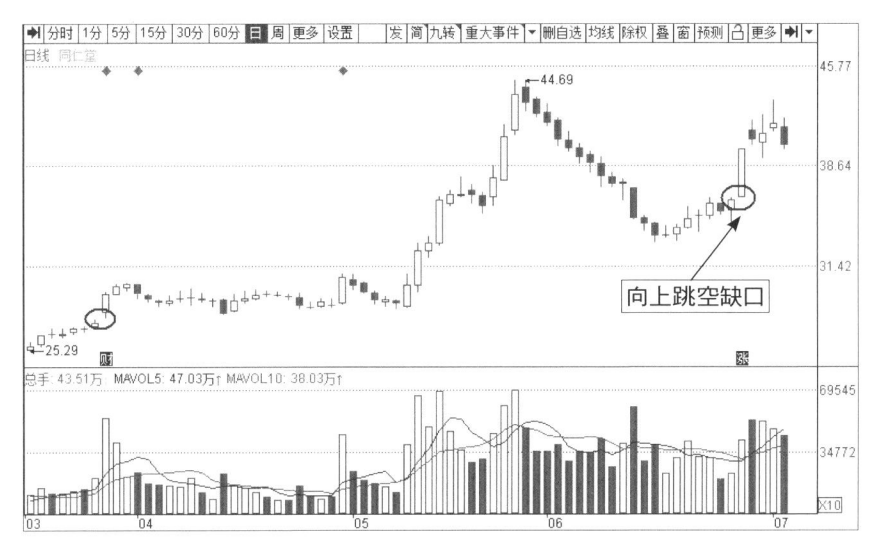

▲ 圖 5-1　同仁堂（600085）2021 年 3 月 19 日至 7 月 2 日的日 K 線

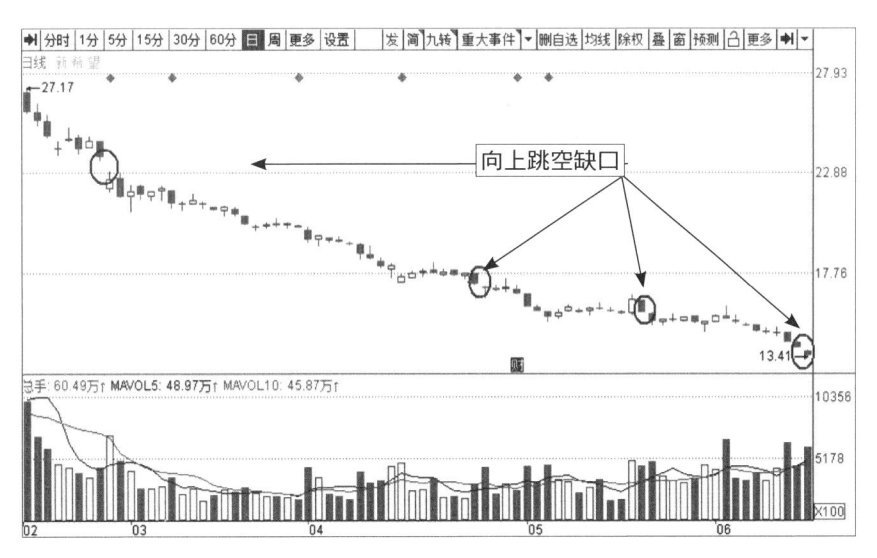

▲ 圖 5-2　同仁堂（600085）2021 年 2 月 23 日至 6 月 15 日的日 K 線

> **專家提醒**
>
> 向上跳空缺口表明市場趨勢大步向上；向下跳空缺口表明市場趨勢大步向下。形成交易的真空地帶的原因，是多空雙方其中一方以較大優勢壓倒對方造成的盤面狀況，常常發生在開盤交易、受消息刺激、力量突然失衡時。

5-1-2　缺口的類型

按缺口對趨勢的影響來分，有以下4種經典的分類方法。

(1) 普通缺口

普通缺口常常發生在股票交易量很小的市場情況下，或者是股價作橫向整理運動的中間階段，或者是在諸多價格型態的內部。發生原因往往是市場投資人毫無興趣，市場交易清淡，相對較小的成交量便足以導致價格跳空。一般情況下，普通缺口會在極短的時間內給予回補，即可以忽略不計。普通缺口如圖5-3所示。

(2) 突破缺口

突破缺口通常發生在重要的價格區間，例如股價橫向整理到需要一舉突破支撐線時，或頭肩頂（底）形成後股價需要對頸線進行突破時，或股價對重要均線進行跨越式突破時，就常出現跳空缺口。它反映市場投資人的一致思維和意願，也預示後市的價格運動會更大、更快。

由於突破缺口是在突破重要價格區域發生的，所以此處不看好突破的賣盤將被全部吃掉，而看好突破的賣盤則高價待售。因此買盤不得不高價成交，故而形成向上跳空缺口，這裡常常伴有較大的成交量。這種重要區域價格突破一旦成功，其跳空缺口往往不易被完全封閉。

總之，突破缺口具有強烈的方向性選擇意義，一旦出現，往往在短時間內市場不會回補缺口。突破缺口如圖5-4所示。

第 5 章　帶你分析缺口，有效判斷多空變化和主力動向

▲ 圖 5-3　天士力（600535）2021 年 2 月 9 日至 6 月 29 日的日 K 線

▲ 圖 5-4　同仁堂（600085）2021 年 2 月 1 日至 5 月 27 日的日 K 線

> **專家提醒**
>
> 如果缺口很快被封閉，價格重新回到缺口下方，說明該突破是假突破。

(3) 持續缺口

突破缺口發生後，如果市場上漲趨勢依然明顯，一方推動熱情高漲，那麼價格會再度跳躍前進，即再次形成一個跳空缺口或一系列跳空缺口，這種缺口被稱為持續缺口。持續缺口常常伴隨著中等的成交量，表示對趨勢發展有利。

在上升趨勢中，持續缺口的出現表示市場堅挺；在下降趨勢中，則顯示市場疲軟。要注意的是，持續缺口一般也不會很快被封閉，如果價格重新回到持續缺口之下，對原趨勢不利。

一般而言，突破缺口發生後，第二個明顯的缺口往往是持續缺口，而不是衰竭缺口。持續缺口的出現，意味著行情將突飛猛進，其運動空間至少為第一個跳空缺口到此缺口之間的距離。如果出現多個持續缺口，則價格運動空間的預測變得比較困難，但也意味著衰竭缺口隨時來臨，或者最後一個持續缺口就是衰竭缺口。持續缺口如圖 5-5 所示。

(4) 衰竭缺口

衰竭缺口常出現在行情趨勢將結束的末端。在突破缺口和持續缺口均已清晰可辨，同時測量的價格目標已經到達後，很多投資人就開始預期衰竭缺口的降臨。在上升趨勢的最後階段，股價往往會隨著盲從者的瘋狂進入快速拉升行情，但清醒的投資人則開始平倉了結。

隨著主力的平倉動作，衰竭缺口出現後往往會有一段時間的價格滑落，並伴隨巨大的成交量。當後續的價格低於最後一個缺口時，意味著衰竭缺口形成，後市多方開始回撤。衰竭缺口如圖 5-6 所示。

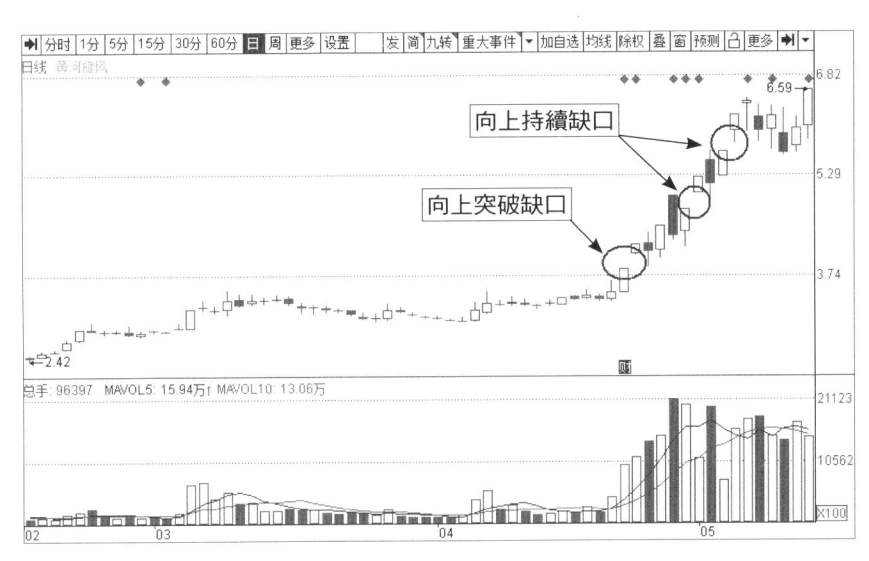

第 5 章　帶你分析缺口，有效判斷多空變化和主力動向

▲ 圖 5-5　黃河旋風（600172）2021 年 2 月 8 日至 5 月 19 日的日 K 線

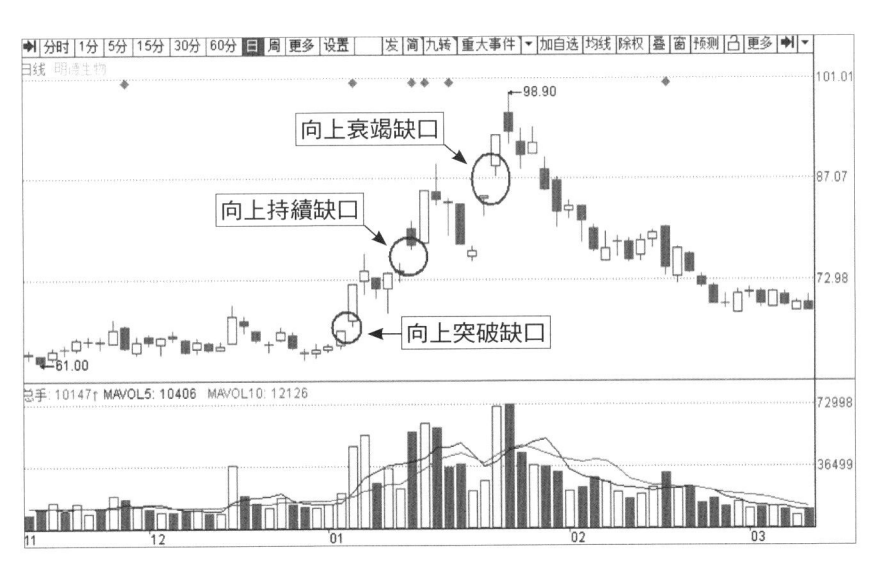

▲ 圖 5-6　明德生物（002932）2020 年 11 月 27 日至 2021 年 3 月 8 日的日 K 線

> **專家提醒**
>
> 衰竭缺口出現後,價格可能還繼續走高,但它預示著價格在最近一段時間內要回撤,最後的瘋狂要結束。

當缺口達到 3 個或 3 個以上時,在沒有出現價格回撤並對前一缺口進行封閉前,很難知道哪一個缺口是衰竭缺口,只可能從測量目標中獲得一點答案。即如果在第二個缺口來臨後,價格運動空間沒有達到從第一個缺口到此缺口之間的距離,那麼,在此階段出現的第三個缺口就可能是持續缺口,直到所測量的價格目標達到為止。

5-1-3　缺口的作用和意義

缺口如同多、空雙方挖的戰壕,爭鬥雙方會在這裡對峙一段時間,一旦一方發力突破並穩住了陣腳,就會乘勝追擊,而敗者或且戰且退,或敗如山倒。

如果勝利的一方追擊過遠,則往往會面臨嚴重的補給問題,要麼主動後退,要麼在前線防禦,但防禦反而更易被對方攻破。當曾經的勝方退至戰壕(缺口)時,往往又會建立據點,嚴防死守,期望重新奪回陣地。

所以,跳空缺口往往是曾經的勝方回撤時的重要支撐位,一旦被對方突破,這個支撐位就會變成壓力位,使曾經的勝方難以逾越,這就是跳空缺口處為什麼常常會出現激烈爭奪的原因。可見,一個缺口在成為一方的支撐位時,就必然是另一方的壓力位。

每發生一個缺口,都會使進攻方雀躍,但每回填一個缺口,則使退

回方恐懼,即缺口是技術分析中極其重要的部位。短期內缺口被封閉,表示原先取勝的一方缺乏後勁,未能繼續向前推進,由進攻變成防守,處境不利;長期存在的缺口被封閉,表示價格趨勢已經反轉,原先主動的一方已變成被動的一方,原先被動的一方則控制了大局。

根據多年實戰經驗,如果缺口在 3 個交易日內沒有被封閉,那麼在隨後的 13 個交易日內,市場有力量向缺口產生的方向發展。這說明缺口不一定會被立即封閉,即沒有被小級別的回檔所封閉,但很可能被其後的中級回檔封閉;如果仍然沒有,則極可能被更遠一些的反轉大趨勢封閉,即漲有多高,跌就有多深。

一般說到的缺口,是指日 K 線圖上的缺口,但缺口確實更頻繁出現於分鐘 K 線圖上。當然,也會出現在週 K 線圖和月 K 線圖上,只是隨著時間的週期越長,缺口就越不易表現出來。但在週期長的 K 線圖上一旦出現缺口,其意義就更加重大,也越有利於長期趨勢的判斷。

有些時候,日內分鐘 K 線圖上的缺口,往往比日間缺口更重要,如 30 分鐘或 60 分鐘 K 線圖中的缺口。因為它們的出現,才帶動日內重要趨勢線的突破,形成重要的價格型態,並造就中期趨勢的持續或反轉。所以,投資人對日內分鐘 K 線圖中的缺口,也要特別注意。

> **專家提醒**
>
> 過於頻繁出現的缺口,會降低缺口的有效性。

5-1-4　缺口實戰注意事項

利用缺口判斷股市行情時，要注意以下4個方面，分別是成交量、時間、階段性和型態。

(1) 成交量

普通缺口處往往沒有什麼成交量；突破缺口處往往會有大成交量；持續缺口處會有適當的成交量；衰竭缺口產生的當天或次日，也往往會有大成交量。

(2) 時間

普通缺口常常產生，也最易被封閉；衰竭缺口的封閉需要一點時間；持續缺口的封閉會需要更多的時間；突破缺口則往往等到衰竭缺口和持續缺口都被封閉後，才會被封閉。

(3) 階段性

突破缺口意味著價格終於突破整理型態而開始移動；持續缺口是價格快速移動至行情中點的訊號；衰竭缺口則是行情趨勢將至終點的訊號。

(4) 型態

普通缺口往往是在整理型態內發生；突破缺口是在要超越型態特定部位時發生；持續缺口是在超越型態特定部位之後、持續拉升的行情中產生；衰竭缺口則是在行情趨勢末端出現。

當價格以猛烈的方式向上跳空突破原有盤整區域，並在第2個交易日沒有回頭時，投資人可以建倉。當價格回檔到缺口附近沒有破缺口，然後又開始震盪攀升時，投資人可以加倉，直至衰竭缺口來臨或市場出現回撤跡象時離場。

一般來說，連續出現三個缺口後，投資人就要準備減倉，但在最近

一個缺口沒有回補之前，中線投資人不適合賣出所有股票。

分析缺口時還要注意缺口的大小。缺口有大有小，越大說明其中一方佔據的優勢越大，能量越充足。例如，個股開盤時就以一字形開盤，並封死漲停形成的跳空向上缺口，毫無疑問，這個向上跳空缺口背後的多方能量是極其足的。相反地，如果僅僅是跳空高開不到幾個點，那麼說明多方能量雖然佔據優勢，但並不明顯，缺口隨時都可能封閉。

> **專家提醒**
> 有些缺口是主力為欺騙中小散戶故意製造出來的，對於這一點投資人也要注意。

分析缺口時，對於個股因配股、分紅等原因形成的缺口，要忽略不計，因為這些缺口不是真正意義上的缺口。

另外，對於新股或新上市的權證等，由於市場機制導致上市後連續漲停，這些缺口也要忽略不計。

> **專家提醒**
> 面對缺口，投資人要學會區別對待，看清楚是什麼原因造成的缺口。只有真正的市場博弈形成的缺口，才需要特別注意，也才是真正有價值的缺口。而對於其他因歷史遺留問題、計畫原因導致的缺口，要忽略不計。

5-2 抓緊反轉階段的缺口，別錯過大漲機會

股價經過大幅下跌並探明底部區域後，開始震盪盤升，如果在這個期間產生缺口，一般都為普通缺口。只有最後一個突破重要壓力線（如底部反轉型態的頸線）所形成的缺口，才是突破缺口。

股價在底部反轉階段，常會出現很多普通缺口，投資人要認真辨別，特別是對於看似不起眼的小缺口，千萬別粗枝大葉，以免錯過可以獲利的缺口。即使只有一分錢的跳空缺口，也是一種缺口，並且具有意義，即可以反映多空雙方的蛛絲馬跡。經由小小的缺口，可以揭示深層次的博弈，可以預測其後的行情是暴風雨或豔陽天。

5-2-1 普通缺口必回補實戰分析

在底部反轉階段形成的過程中，不論缺口有多少，投資人都要知道缺口最終大多都會回補。如圖 5-7 所示的是 ST 德威（300325）2021 年 1 月 25 日至 2021 年 7 月 5 日的日 K 線。

在 A 和 B 處，股價在下跌過程中出現向下跳空缺口，首先確認這裡是底部區，所以此向下跳空缺口不是向下突破缺口，而是普通向下跳

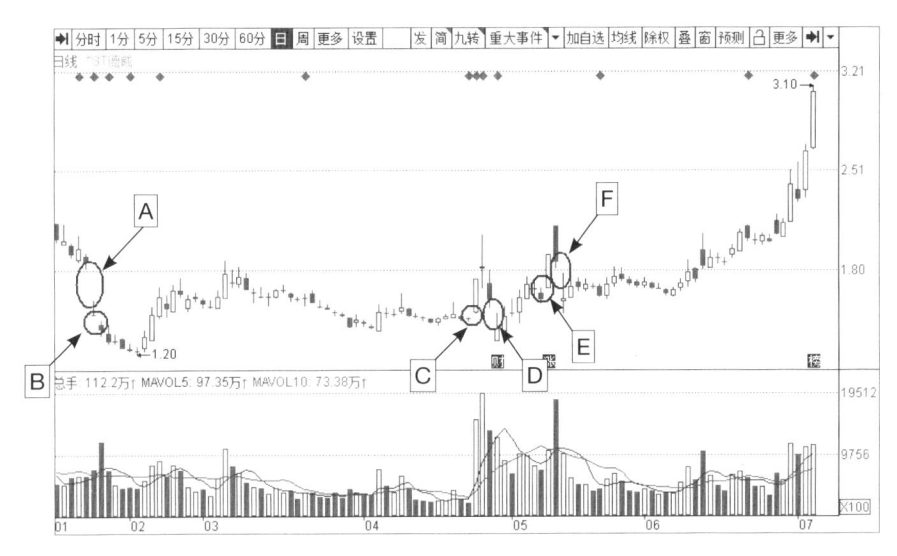

第 5 章　帶你分析缺口，有效判斷多空變化和主力動向

▲ 圖 5-7　ST 德威（300325）日 K 線

空缺口。根據缺口要回補的理論，在該次回檔後要抓住反彈行情，即要回補 A 和 B 處缺口。

> **專家提醒**
>
> 可以根據 K 線技術及時跟進，至少要看到把 A 處缺口回補。

圖中可以看到，股價快速下跌後開始反彈上漲，回補了 A 和 B 處缺口。股價回補缺口後再度回檔，但沒有再創新低，然後又繼續震盪盤整。在 C 處，股價出現一個向上跳空缺口，此為普通缺口，往往會回補，所以這一波反彈上漲出現長十字線後，就會賣出。

隨後股價開始下跌，在 D 處出現向下跳空缺口，這也是普通缺口，也會回補。所以股價止跌後就可以繼續做多，看缺口回補。

177

同樣，在 E 和 F 處也出現跳空缺口，根據缺口回補理論進行短線操作，也會有不錯的獲利。

> **專家提醒**
>
> 在底部反轉階段的左邊出現向上跳空缺口，基本上是一種普通缺口，投資人要迴避這次反彈，耐心等待回補缺口。震盪下行中出現向下跳空缺口，一般都要考慮補缺帶來的反彈行情。

5-2-2 　除權除息缺口實戰分析

因發放股票股利或現增而向下整理股價就是除權，因發放現金股利而向下整理股價就是除息。如圖 5-8 所示的是英飛特（300582）2021 年 2 月 4 日至 2021 年 7 月 5 日的日 K 線。

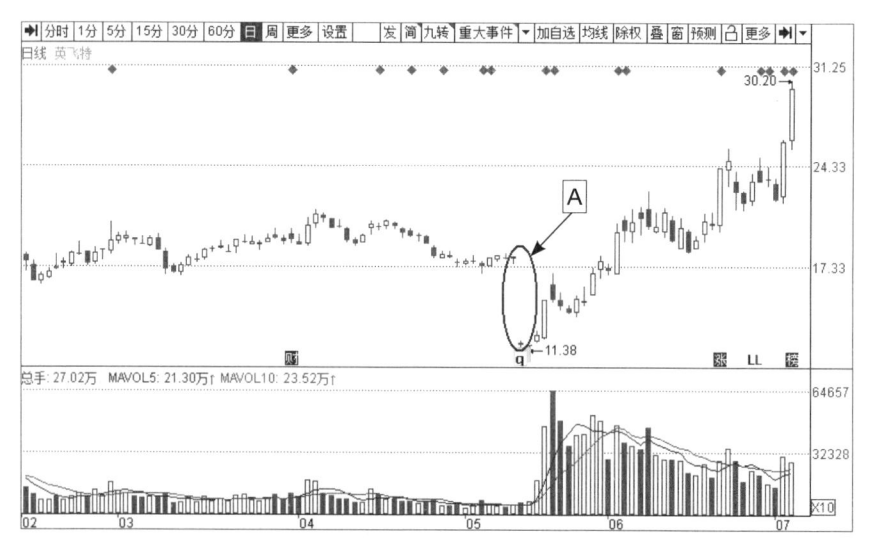

▲ 圖 5-8　英飛特（300582）日 K 線

投資人要注意 A 處的缺口太大，不是市場博弈產生的缺口，因為在漲跌停的交易規則下，不可能出現這麼大缺口，所以這裡的缺口可以忽略不計。實際上，A 處的缺口是除權除息缺口，僅僅是技術缺口。

該股的權息資料如圖 5-9，可看到最近幾年配股份紅的數據。而該股最近幾年的季報、中報、年報的時間等資料，如圖 5-10 所示。

▲ 圖 5-9　權息資料

▲ 圖 5-10　財務分析

除權除息的產生,是因為投資人在除權或除息日之前,與當天的購買者買到同一家公司的股票,但是內含的權益不同,這顯然相當不公平。因此,必須在除權或除息日當天向下調整股價,成為除權或除息參考價。

(1) 除權參考價的計算

當公司發放股票股利時,流通在外的股數增多,但發放股票前後公司整體價值不變,股數卻增多了,所以在除權後每股價值就會下降,成為除權參考價。

$$除權參考價 = 前1交易日該股票收盤價 \div (1 + 配股率)$$

例如:某上市公司決定在2021年7月15日發放股票股利,每10股轉增5股,配股率為 $5 \div 10 = 0.5$ 元。7月14日的收盤價為36元。那麼在7月15日除權當天的參考價為 $36 \div (1+0.5) = 24$ 元。

(2) 除息參考價的計算

為使除息前(含現金股利)與除息後所買到的價格一致,公司在發放現金股利時,將股票的價格按照現金股利予以同等金額的下降,此為除息參考價。

$$除息日申報參考價 = 前1交易日收盤價 - 現金股利金額$$

例如:某上市公司決定在2021年7月15日發放現金股利,每10股紅利為12元,那麼現金股利金額為 $12 \div 10 = 1.2$ 元。7月14日的收盤價為36元。那麼在7月15日除息當天的參考價將為 $36 - 1.2 = 34.8$ 元。

(3) 既除權又除息的參考價計算

現在很多上市公司在發放股利時，會採取配股加配息的方式。其參考價的計算方法為：

除權又除息參考價
＝（前1交易日該股票收盤價－現金股利金額）÷（1＋配股率）

下面來計算一下英飛特（300582）2021年5月14日這一次配股的參考價。其收盤價為17.96元，配股訊息為每10股，轉增5股，紅利為1.19元。

因此，除權又除息參考價＝（前1交易日該股票收盤價－現金股利金額）÷（1＋配股率）＝（17.96－1.19÷10）÷（1＋5÷10）＝17.841÷1.5＝11.894元。

為了更好查看股票的趨勢，需要對股票進行復權。所謂復權就是對股價和成交量進行權息修復，按照股票的實際漲跌繪製股價走勢圖。復權分兩種，分別是向前復權和向後復權。

(1) 向前復權

向前復權，就是保持現有價位不變，將以前的價格縮減，把除權前的K線向下平移使圖形吻合，保持股價走勢的連續性，如圖5-11所示。

(2) 向後復權

向後復權，就是保持先前的價格不變，而將以後的價格增加。在股市中，除權除息多半被看成偏多，常有所謂「除權行情」，其實這是股數增多造成的錯覺。

若要參加除權除息,要選擇股本小、產業前景好且獲利豐富的公司,採取中長期投資策略,填權的可能性較大,能將參加除權除息的風險降到最低。

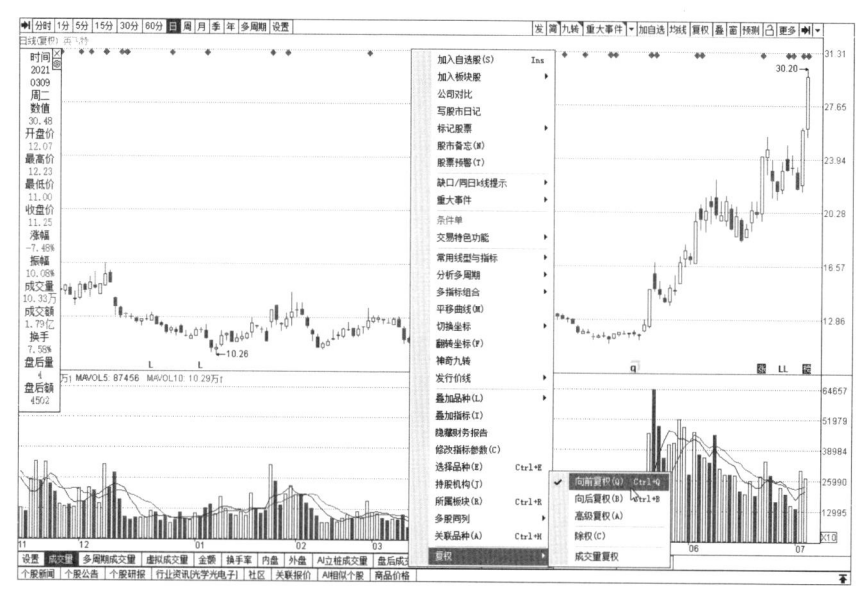

▲圖 5-11　向前復權

5-3 股價上漲階段,要特別注意第二個重要缺口

股價在底部反覆盤整後,形成底部反轉型態,股價突破底部形成的頸線後,就開始進入上漲階段。下面來看看該階段缺口的特點及實戰技巧。

5-3-1 上漲階段缺口的特點

上漲階段缺口的特點有五項,具體如下:

(1) 關注第二個重要缺口

一般情況下,上漲階段是從底部反轉型態的突破缺口開始的,一直到最後衰竭缺口出現,作為進入結尾的訊號。在突破缺口和衰竭缺口之間,必然存在著中續缺口,特別是突破缺口後的第二個重要缺口。

所謂重要缺口就是持續缺口,但不是指在上漲過程中很快回補的普通缺口。

(2) 利用週 K 線圖識別缺口

對於小的上漲行情,投資人易於掌握。但對於一波較大的行情,常常出現很多缺口,投資人很難對缺口進行判斷。這時可以利用週 K 線

圖來觀察,即利用時間跨度比較長的波動來化繁為簡,從而找到大行情中的缺口,再經由這些缺口找出一些規律和訊號。

(3) 重要缺口不會輕易回補

面對上漲階段的缺口,有一點必須記住,那就是對於這個階段出現的重要缺口,市場不會輕易回補。畢竟在上升趨勢前面,重要的向上跳空缺口帶來更多打開階段性上升空間,是更多的機會,其所蘊涵的風險,只有在市場完全轉勢時才有可能發生。

(4) 認清向下跳空缺口的本質

在上漲階段,多空雙方有時候在關鍵的位置博弈相當激烈,或者說多空雙方在特定環境下博弈比較反覆,特別是當空方佔據一定優勢時,向下跳空缺口可能隨時產生。

此時,投資人要認清其產生的區域,以及是否會對大的上升趨勢帶來質的改變。如果僅僅是震盪洗盤,對大的上升趨勢沒有威脅,對於這樣的缺口更多的是機會,短期回補繼續向上的機率很大。

(5) 衰竭缺口要在日K線圖中尋找

上漲階段的尾聲是由於加速後的再加速的反轉,這個過程很多時候都意味著時間跨度短,因此在週K線上,衰竭缺口未必能表現出來。鑒於此,衰竭缺口常需要在日K線圖中尋找,所以在上升階段的尾聲,要學會化簡為繁,把重點放在日K線圖上。

總之,上漲階段是個重要的環節,對中小散戶而言是個黃金時期,關鍵在於如何充分利用缺口進行操作。

5-3-2　上漲階段缺口的實戰技巧

圖 5-12 所示的是比亞迪（002594）2020 年 6 月 23 日至 2021 年 1 月 4 日的日 K 線。在 A 處，股價在上漲過程中跳空高開，形成一個向上跳空缺口。根據其後走勢可以看出，該缺口在上漲過程被回補，所以這是一個普通缺口。

在 B 處，股價在回檔的過程中出現向下跳空缺口，這是一個送錢行情，投資人只要能看懂，應該就能跟進獲利。在 C 和 D 處，都是回檔過程中出現向下跳空缺口，也是送錢行情，投資人只要能看懂，應該也可以跟進獲利。

在 E 處，股價在上漲過程中跳空高開，形成一個向上跳空缺口。根據其後走勢可以看出，該缺口在上漲過程中沒有被回補，所以這是一個重要的持續缺口。

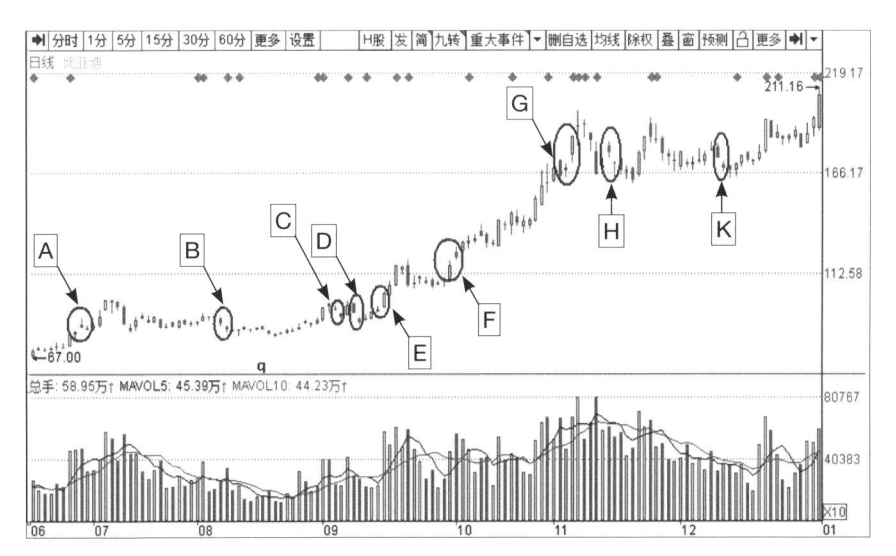

▲ 圖 5-12　比亞迪（002594）日 K 線

同理，F處也是一個重要的持續缺口，因為在上漲過程中沒有被回補。在G處，股價在上漲過程中跳空高開，形成一個向上跳空缺口，根據其後走勢可以看出，該缺口在上漲過程被回補，所以這是一個普通缺口。

　　在H處，股價在回檔的過程中出現向下跳空缺口，這是一個送錢行情，投資人只要能看懂，應該可以跟進獲利。同理，在K處也是一個向下跳空缺口，也是一個送錢行情。

5-4 頂部反轉階段的缺口風險大，最好不要參與

在股價上漲階段，缺口無所不在且機會異常豐富，整體來說缺口就是機會。但在頂部反轉階段出現缺口，則風險大於機會，下面來看看該階段缺口的特點及實戰技巧。

5-4-1 頂部反轉階段缺口的特點

頂部反轉階段缺口的特點有四項，具體如下所述。

(1) 要用日 K 線分析頂部反轉階段缺口

頂部反轉階段，是大起大落四個階段中最為短暫的一個階段。道理很簡單，頂部往往都是在瘋狂狀態下形成的，瘋狂狀態在市場的具體表現形式就是劇烈快速，所以頂部一般都比較短暫。因此，不能利用大週期來分析頂部，因為大週期的頂部很少出現缺口。

(2) 兩個重要的缺口

在日 K 線圖中，要特別注意頂部反轉階段中的兩個重要缺口，第一是瘋狂頂部小型態的向下突破缺口；第二是頂部大型態形成的向下突破缺口，即向下突破頂部型態的頸線缺口。

小型態中的缺口告訴投資人形勢有些不妙，要有所警覺；大型態中的缺口告訴投資人股價開始大幅下跌，前期沒有逃的此時要快逃。這兩個缺口都是方向性非常明確的缺口，投資人要特別留意其存在的巨大風險。

(3) 普通缺口多看少動

在頂部反轉階段，股價來回反覆是難免的，其過程中就可能出現缺口。但要記住這些缺口，是在頂部小型態的突破缺口與最後大型態確認的突破缺口之間出現的。所以對於這些缺口，投資人最好多看少動不要操作，但如果是短線高手，可以利用少量資金進行小區域內的操作。

> **專家提醒**
>
> 頂部反轉階段的缺口顯示的是風險，而不是機會，最好不要參與。

(4) 缺口必補

在上漲階段，積累了大量的向上跳空缺口沒有被回補，一旦大勢走壞，這些上漲階段形成的缺口就具有相當大的牽引力，一般情況下都會被回補。即當市場異常瘋狂或個股異常瘋狂時，這個階段出現的缺口如果短期沒有被回補的話，那麼中期是必須被回補的，這一點在實戰中相當重要。

頂部反轉階段一旦有形成的雛形，就要看看那些在上漲階段接近尾聲時形成的向上跳空缺口，離現在的股價有多遠。如果還很遠，則意味著整理還有相當一段時間；如果比較近，則意味著整理即將結束。

5-4-2 頂部反轉階段缺口的實戰技巧

如圖 5-13 所示的是比亞迪（002594）2020 年 1 月 4 日至 2021 年 5 月 7 日的日 K 線。該股價經過長時間、大幅度上漲後進入高位震盪區，在 A 處是一個向上跳空缺口，但很快被回補，所以是一個普通缺口。

在 B 處，是這一波最後一個向上跳空缺口，可以認為是衰竭缺口，缺口也很快被回補。股價在高位震盪後，在 C 處出現一個向下跳空缺口，這是一個向下突破跳空缺口，表示股價要開始下跌。要注意的是，C 處的缺口短時間內是不會被回補的。

在 D 處，股價又出現一個向下跳空缺口，這是一個普通缺口，很快被回補。但需要注意，在明顯的下跌行情中或下跌初期，最好不要搶反彈，因為很容易被套在高位。

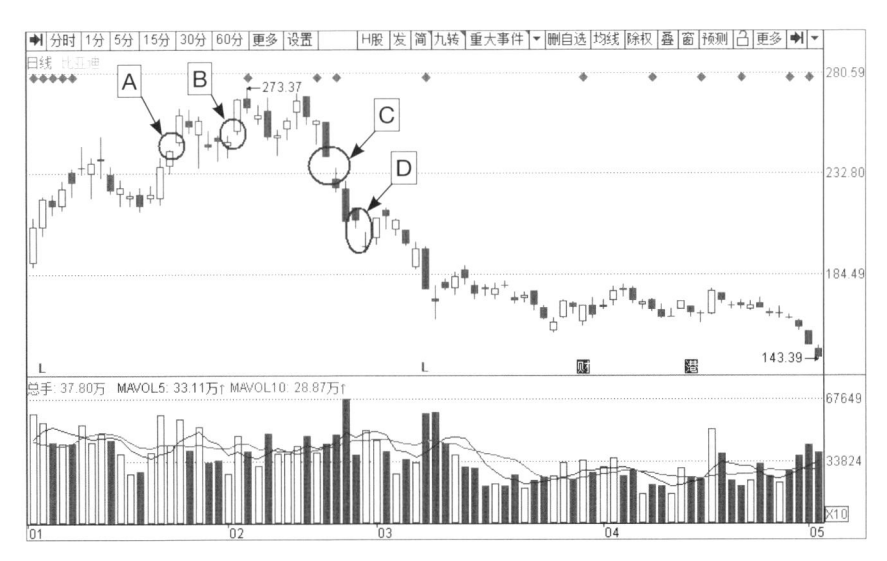

▲ 圖 5-13　比亞迪（002594）日 K 線

5-5 下跌過程中，要掌握明顯的向上跳空缺口

一旦進入下跌階段，投資人就會發現，原來那些在上漲階段積累的未回補缺口，一下子就從原來的「低低在下」開始變得「逐漸觸手可及」。下面來具體看看下跌階段缺口的特點、操作原則及實戰技巧。

5-5-1 下跌階段缺口的特點

下跌階段缺口的特點有三項，具體如下：

(1) 利用週 K 線圖識別下跌階段缺口

下跌階段是一個較為漫長的過程，不可能一步到位，此時可以利用週 K 線分析。在整個下跌階段投資人要耐得住，不要輕易去搶反彈，只有探明底部後才進行操作。投資人要特別注意關鍵性的缺口是否已被回補，如果沒有被回補，就只能進行短線的快進快出操作。

(2) 週線缺口顯示下跌容易上漲難

下跌階段在週 K 線上的缺口，往往會明顯少於上漲階段，尤其是少了一些普通缺口，會大大加強對市場走勢的準確判斷。

(3) 週線缺口明思路，日線缺口找戰機

經由週 K 線的視野，可以指導投資人做出大方向的具體策略，但具體的短期實戰策略，必須站在日 K 線視野上來剖析。日 K 線圖比起週 K 線圖無疑複雜得多，但正是因為複雜，才有可能發現一些階段性的機會。

5-5-2　下跌階段缺口的操作原則

下跌階段缺口的操作原則有四點，具體如下：

(1) 機會出現在明顯向上跳空缺口後

在下跌過程中，一旦出現明顯的向上跳空缺口，就意味短期多方能量達到相對優勢，要進行宣洩。而在該過程中，多方能量往往不會很快消失，會有一定的反覆，這正是最好的作戰機會。

當向上跳空缺口出現後，很容易激發那些傷痕累累的投資人的希望。有希望就有折騰，雖然最後的結果依然是下跌，但這短暫的折騰，對於短線機會而言是足夠的。

(2) 下跌初期不參與

下跌過程可以細分為三個部分，分別是初期下跌、繼續下跌和最後一跌。這三部分往往都會伴隨著一定的反彈。道理很簡單，多空雙方都是在博弈中前行的，有空方就有多方。

初期下跌後對於多方而言，幻想必然是存在的，一旦空方能量階段性變弱，多方就會抓住機會進行反攻。不過在大趨勢面前，最終往往都是無力回天，只能做稍微的掙扎而已，因此其反彈時間相當短暫，在這裡參與的風險太多。

(3) 繼續下跌在明顯向上跳空缺口參與

繼續下跌部分由於空方力量已消耗一部分，市場短期機會就會多一些。在出現明顯向上跳空缺口後，投資人可以採取快進快出策略，用優勢兵力迅速獲取收益，然後套現出場，再耐心等待新的缺口機會。

(4) 最後一跌不參與

最後一跌發生在繼續下跌之後，市場進入徹底絕望狀態。此時下跌是非理性的，不知道股價到哪才會止跌，所以投資人在這個過程中最好不要參與。

5-5-3　下跌階段缺口的實戰技巧

如圖 5-14 所示的是新希望（000876）2020 年 2 月 1 日至 2021 年 6 月 17 日的日 K 線。其股價在明顯的下跌行情中出現反彈，這一波反彈正

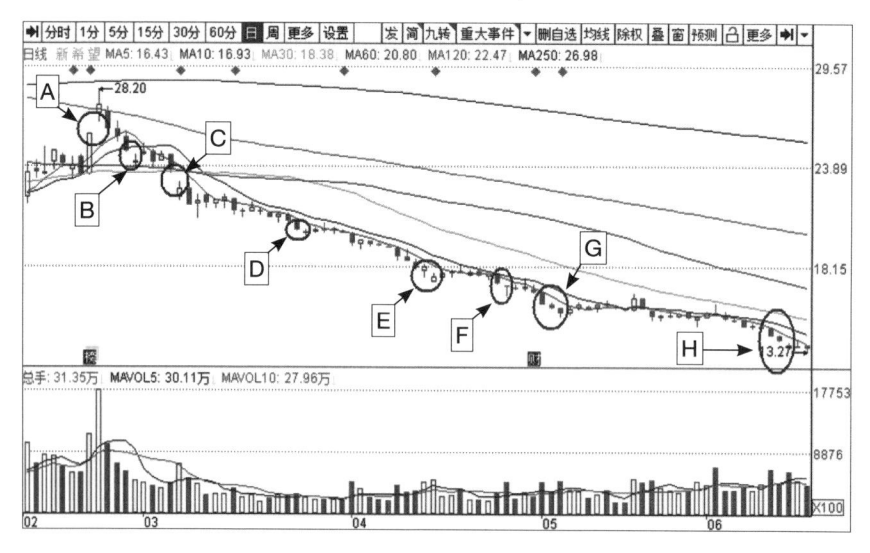

▲ 圖 5-14　新希望（000876）日 K 線

好反彈到120日均線附近，創出28.20元反彈高點。

在A處，出現一個向上跳空缺口，注意這是下跌行情中的反彈行情，所以抄底多單要注意停利。反彈結束後股價就開始下跌，把A處的缺口補上，這表示A處的缺口是普通缺口。在B處，出現一個向下跳空缺口，但很快就反彈補上該缺口，這表示B處的缺口也是普通缺口。

股價在30日均線上方反彈震盪後，在C處，一個向下跳空缺口跌破30日均線。這是一個向下突破缺口，意味著反彈結束，開始新的下跌行情。注意C處的缺口，短時間是不會被回補的。在D處，出現一個向下跳空缺口，但很快就反彈補上該缺口，這表示D處的缺口也是普通缺口。

同理，E和F處都是普通缺口，很快就被回補。在G處，股價連續出現缺口，即有兩個缺口，但隨後股價出現反彈回補了缺口，所以G處的兩個缺口也是普通缺口。

同理，H處股價也連續出現缺口，即有兩個缺口。對於這種缺口，由於股價已處於下跌後期，股價止跌後投資人可以進場做反彈，但一定要在股價回補缺口後賣出。

Chapter 6

從成交量看懂主力操作，
散戶賺錢的不敗秘訣

6-1

什麼是成交量？
量價之間有什麼關係？

　　股市中有四大要素，分別是量、價、時、空。成交量排在四大要素的第一位，即先有量，後有價。成交量的大小反映了多空雙方交戰的規模和爭奪的激烈程度，經由成交量的分析，可以知道哪些是強勢股，哪些是弱勢股，哪些是當前熱門股，哪些是當前無人問津的冷門股。投資人可以根據具體情況，採取合適有效的投資策略，提高獲利。

6-1-1　成交量：買賣雙方所成交的量

　　成交量就是在一定交易時間內買賣雙方所成交的量，其計算單位為股和張，1張等於1000股。成交量指標（VOL）可以將單位時間內總成交量，用條形實體地直觀表示出來，如圖6-1所示為同仁堂（600085）2021年3月25日至2021年7月8日的日K線圖和成交量。。

　　如果K線是陽線，其成交量對應的是紅柱或白柱；如果K線是陰線，則其成交量對應的是綠柱或黑柱。柱體的長度越高，表示其對應的時間內成交量越大；柱體的長度越低，表示其對應的時間內成交量越小。

通常投資人所說的大盤成交量，就是指大盤的成交金額，因為人們對一個交易日多少股票沒有概念，但總的交易金額則能夠說明市場的活躍度和入場的資金規模，非常便於投資人理解。

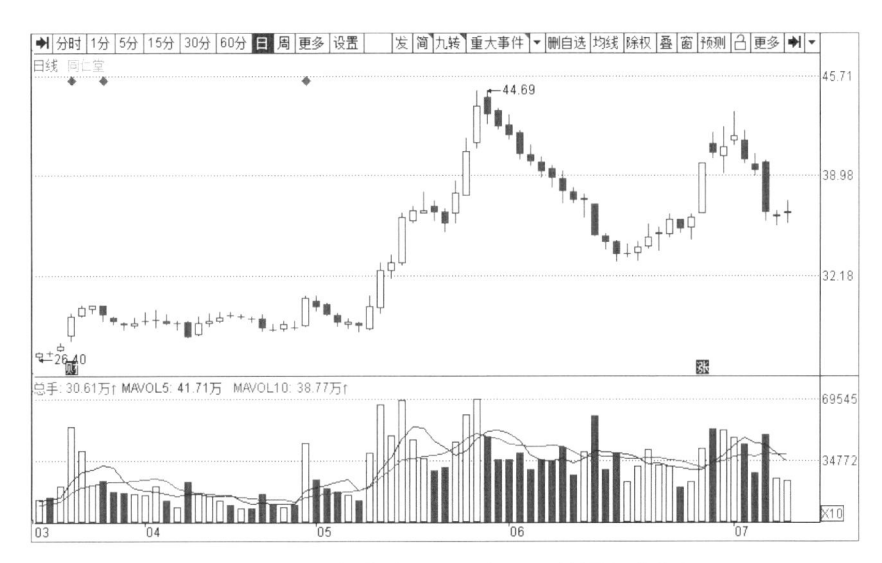

▲ 圖 6-1　同仁堂（600085）日 K 線圖和成交量

6-1-2　成交量的意義

成交量是股票市場供求關係的表現形式，它的大小表示買賣雙方對某一股票即時價格的認同程度，記錄了投資人在不同價位上買賣股票的數量，代表股票的活躍程度和流通性，並由此透露出市場的人氣和買賣意願。

投資人買賣股票，主要取決於股價高低和市場人氣。人氣越旺盛，投資人進出場越自由，同時也意味著入場資金越充足，獲利的可能性大於虧損的可能性。

因此,成交量的價值是從市場人氣的角度,透露了市場的參與意願和參與深度。

6-1-3　成交量的類型

從時間上來說,成交量可分為分時成交量、日成交量、週成交量、月成交量、季成交量、年成交量。

其中,分時成交量又可分為 1 分鐘成交量、5 分鐘成交量、15 分鐘成交量、30 分鐘成交量、60 分鐘成交量。這些各不相同的成交量,經由名稱就可以識別出它們的不同。例如,日成交量就是 1 日內買賣雙方所成交的量;週成交量就是 1 週內買賣雙方所成交的量。

從型態上來說,成交量可分為逐漸放量、逐漸縮量、快速放大量、快速出小量和量平。這些各不相同的成交量,經由名稱就可以識別出它們的不同。例如,逐漸放量就是隨著時間的推移,成交量呈現越來越大的態勢;逐漸縮量就是隨著時間的推移,成交量呈現越來越小的態勢。

6-2 成交量與價格可能同步，也可能背離

　　量價關係是指成交量與價格同步或背離的關係，同步為正相關關係；背離為負相關關係，它們充分反映出多、空雙方對市場的認可程度。

　　一般來說，多方會買進股票，空方會賣出股票。當多、空雙方的意見分歧增大時，看多的會大量買進，看空的則會大量賣出，股票的成交量自然就會增大。這種成交劇烈的情況，往往會導致股價波動幅度增大。

　　相反地，當多、空雙方的意見分歧變小，即當投資人一致看空或看多時，會形成一致性的買入或賣出行為，導致成交量萎縮，使股價呈現一邊倒的態勢，這就是單邊市場。量價關係在市場中有兩種觀點，如圖6-2所示。

```
量價關係 ──→ 價格是第一位，成交量是次要的
         └──→ 成交量領先於價格運動
```

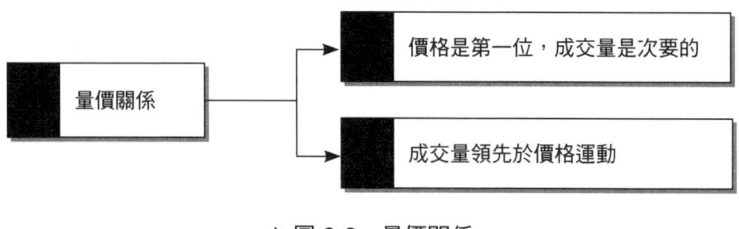

▲ 圖 6-2　量價關係

(1) 價格是第一位，成交量次要

投資人買賣股票的原因是股價的高低程度，而不是成交量。價格是因，而成交量是果，因此成交量是次要的。這種觀點是正確的，但在分析股價時，再加上成交量的輔助判斷，預測成功率會更高。

(2) 成交量領先於價格運動

當股價要發生變化前，投資人買賣股票的數量，會預示一些股價變動的趨勢和規律。即成交量可以判斷市場上的買氣與賣壓，成交量大是買氣和賣壓都很大的表現，後市早晚會發生與原趨勢不同的變化。具體表現為在股價上漲運動中，當成交量增加時，價格會上漲；當成交量減少時，價格會掉下來，因為沒有量的價格沒有意義。

事實上，有實戰經驗的投資人都知道，大成交量只是多、空雙方意見分歧增大的表現，跟股價是否漲跌沒有必然的聯係。但在股價運動過程中，從無量到有量再到大量，本身透露了多、空雙方意見分歧正在加大的事實，股價運動趨勢發生反轉就是必然的結果。

6-3 全圖解 5 種成交量圖形

成交量圖形共有 5 種，分別是逐漸放量、逐漸縮量、快速放大量、快速出小量和量平。下面來具體講解各種成交量圖形的形狀、特徵、技術含義及實戰分析。

6-3-1　逐漸放量 & 逐漸縮量

逐漸放量的特徵是：雖然有時會出現忽大忽小的成交量，但是成交量整體呈上升態勢。逐漸放量的圖形如圖 6-3 所示。

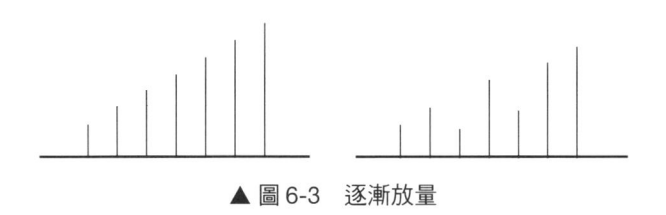

▲ 圖 6-3　逐漸放量

逐漸放量意味著買進的量越來越大的同時，賣出的量也相應越來越大，所以投資人不能簡單地理解為增量資金在源源不斷地注入，後市可

看高一線。其實與此同時，也有相同的存量資金在不斷地退出，後市究竟如何還是個變數。所以投資人應該把成交量的變化和股價的位置結合起來分析與研究，才能對行情的演變做出正確判斷。

逐漸縮量的特徵是：雖然有時會出現忽大忽小的成交量，但是成交量整體呈下降態勢。逐漸縮量的圖形如圖6-4所示。

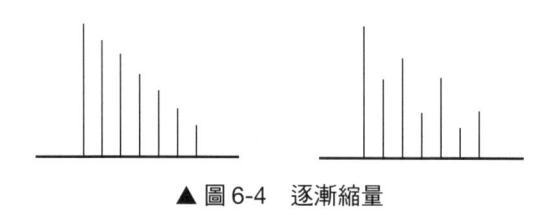

▲ 圖6-4　逐漸縮量

逐漸縮量意味著買進的量越來越小的同時，賣出的量也相應越來越小。但投資人不能簡單地理解為股市資金不斷在減少，後市看淡。股價在不同的位置，引起成交量減少的原因也是不同的，投資人一定要認真分析，從而對行情的演變做出正確判斷。

6-3-2　逐漸放量＆逐漸縮量實戰分析

如圖6-5所示的是士蘭微（600460）2016年12月26日到2017年9月15日的日K線圖和成交量。其股價經過大幅下跌後，創出股價新低5.56元，然後從底部開始震盪上升。在漲勢初期，股價震盪上升時逐漸放量，但放量不大；而下跌或橫向整理時逐漸縮量。

原因是雖然行情開始止跌回升，但無奈長期下跌已導致市場心態不穩，股價上升時敢於追漲的散戶不多，只有主力在震盪上升中吃進少量籌碼，所以逐漸放量，但放量不大。

第 6 章　從成交量看懂主力操作，散戶賺錢的不敗秘訣

▲ 圖 6-5　漲勢初期區域

> **專家提醒**
>
> 一般情況下，上漲初期是指從股價的低點回升後的 5%~20% 範圍之內，低於 5% 只能視為小幅波動，參考意義不大。上漲途中是指股價漲幅在 30%~50% 範圍之內；漲勢後期是指股價漲幅超過 70% 以上，有的可能高達 100% 及以上。

在漲勢初期，主力往往要利用少量資金進行試盤，即股價小幅上升。但主力為了吃到更低、更便宜的籌碼，就利用手中少量的籌碼向下砸盤，即股價快速回檔，但回檔幅度不大。因為如果打壓幅度太大，打出去的籌碼就「肉包子打狗」，很可能無法再買回。面對這種局勢，投資人採取的對策，只能看多但不做多，用少量資金參與。

士蘭微（600460）上漲途中的日 K 線圖和成交量，如圖 6-6 所示。上漲初期主力已吃進不少籌碼，然後開始拉升上漲，即在上漲途中。

▲ 圖6-6　士蘭微（600460）上漲途中的日K線圖和成交量

　　在這個階段，也是上漲時逐漸放量，下跌時逐漸縮量，原因是主力完成原始倉位的建立後，為了今後能更輕鬆自如地控盤，還需要繼續吃進籌碼，以充當第二梯隊。另外，這時市場人氣轉旺，散戶也開始大量買進，籌碼供不應求。面對這種局勢，投資人應該採取的對策是及時逢低買入並持股待漲。

　　有些主力在底部建倉時間很長，震盪幅度很小，而在上漲途中的前段進行放量再吃進，如圖6-7所示的是海王生物（000078）的日K線和成交量。

　　在漲勢後期的前段時間，有些股票是上漲時逐漸放量，下跌時逐漸縮量，目的是為了迷惑散戶或鼓勵散戶。主力還會少量吃進，進行高賣低買，即經由不斷的洗盤、震倉，甚至波段套利，最後將股價推升到出貨的目標價格，如圖6-8所示。

　　在漲勢後期，有些股票是上漲時逐漸縮量，下跌時放量。原因是主

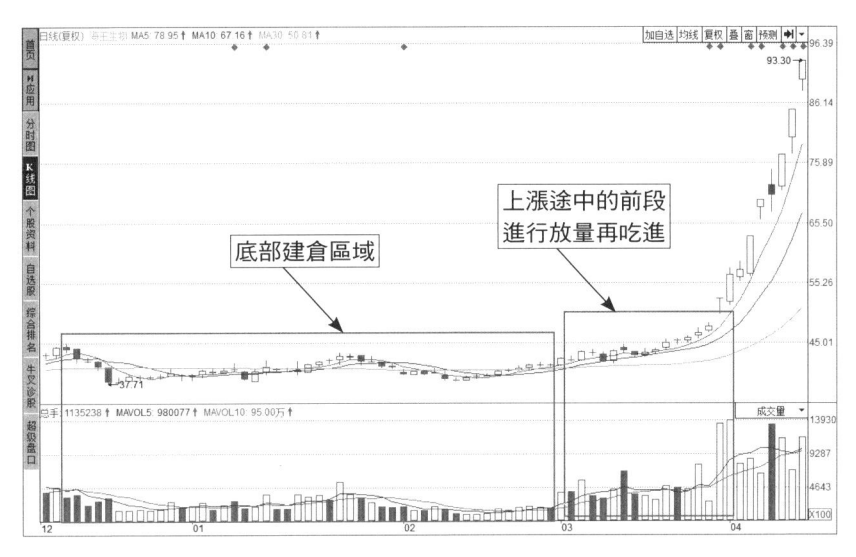

第 6 章　從成交量看懂主力操作，散戶賺錢的不敗秘訣

▲ 圖 6-7　海王生物（000078）的日 K 線和成交量

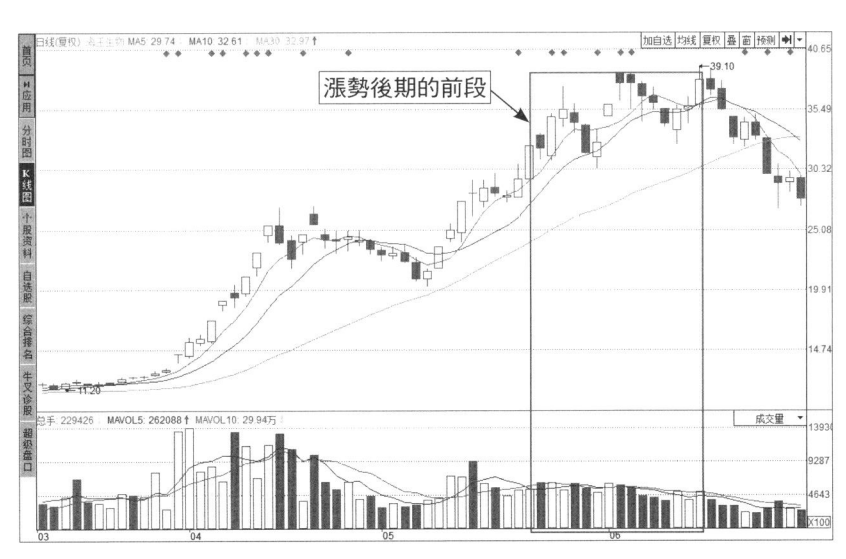

▲ 圖 6-8　海王生物（000078）的漲勢後期的前段操作

力經由拉高來出貨，即在拉高出貨之前主力鎖定籌碼，具有籌碼的散戶也看漲，這就造成上漲時逐漸縮量。

最後一根 K 線則是拉高出貨，即主力開始賣出手中的籌碼，促使股價快速下跌而放量。四川長虹（600839）的漲勢後期就是這種走勢，如圖 6-9 所示。

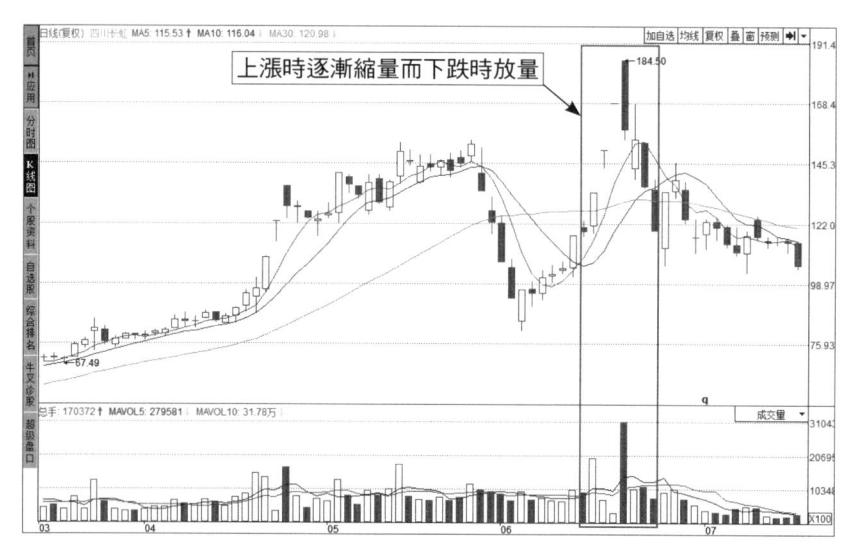

▲ 圖 6-9　上漲時逐漸縮量而下跌時放量

> **專家提醒**
>
> 在股市中有句俗話「放量上漲，有望繼續上升」，這句話只在股票上漲初期或上升中適用，但在上漲後期這句話是危險的。

在下跌初期，有些股票是逐漸放量的，其原因是主力已在高位出逃，但還沒有出完手中的籌碼。但這時行情轉弱，一些對市場敏感的投資人見情況不妙，也開始加入出貨行列，即紛紛斬倉出場。長春經開（600215）的下跌初期就是這種走勢，如圖6-10所示。

▲ 圖6-10　下跌初期逐漸放量

專家提醒

一般情況下，下跌初期是指股價從高點回落到5%~15%範圍之內，低於5%只能視為小幅波動，參考意義不大。下跌途中分兩種情形，強勢股一般跌幅在25%~35%範圍之內；冷門股一般跌幅在40%~50%範圍之內。跌勢後期也分兩種情況，強勢股跌幅超過50%就應視為跌勢後期；冷門股跌幅超過70%或以上，才可視為跌勢後期。

在下跌初期，有些股票是逐漸縮量的，原因是主力在拉升過程中，邊拉升邊賣出手中的籌碼，為了把手中剩餘不多的籌碼賣個好價錢，主力採取小單緩跌出貨的方式。同時股價剛下跌散戶還看不清方向，賣盤也不重，從而導致逐漸縮量。民生銀行（600016）的下跌初期就是這種走勢，如圖6-11所示。

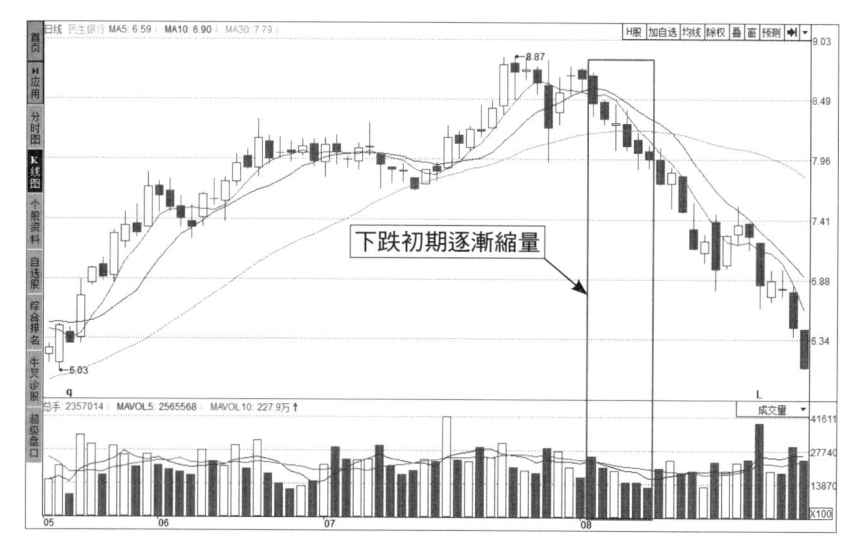

▲ 圖6-11　下跌初期逐漸縮量

在下跌途中，有些股票是逐漸放量的，其原因是越來越多的投資人開始看淡後市，加入空方隊伍。浙江廣廈（600052）的下跌途中就是這種走勢，如圖6-12所示。

下跌途中有些股票是逐漸縮量的，其原因是股價已處於下跌趨勢中，主力和大部分散戶都採取謹慎觀望態度，只有一些「散兵游勇」在搞零星的搶反彈，所以就連綿縮量下跌。華東電腦（600850）的下跌途中就是這種走勢，如圖6-13所示。

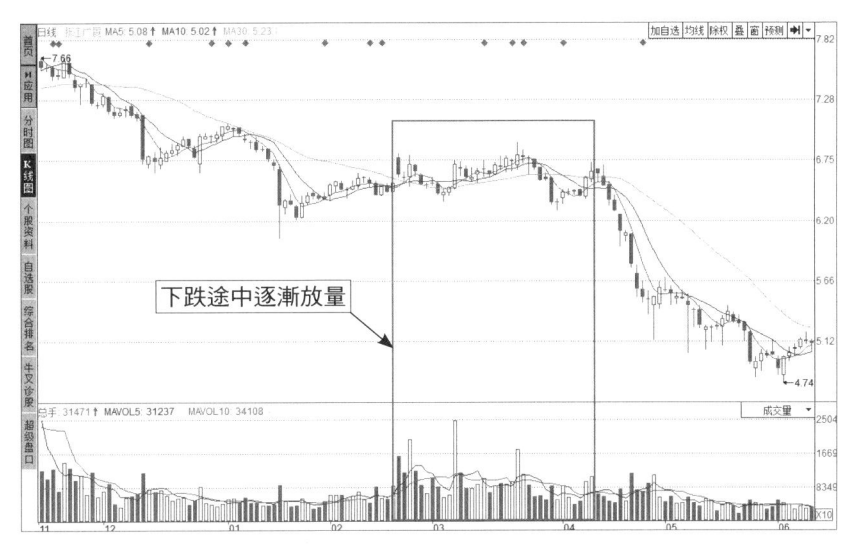

第 6 章　從成交量看懂主力操作，散戶賺錢的不敗秘訣

▲ 圖 6-12　下跌途中逐漸放量

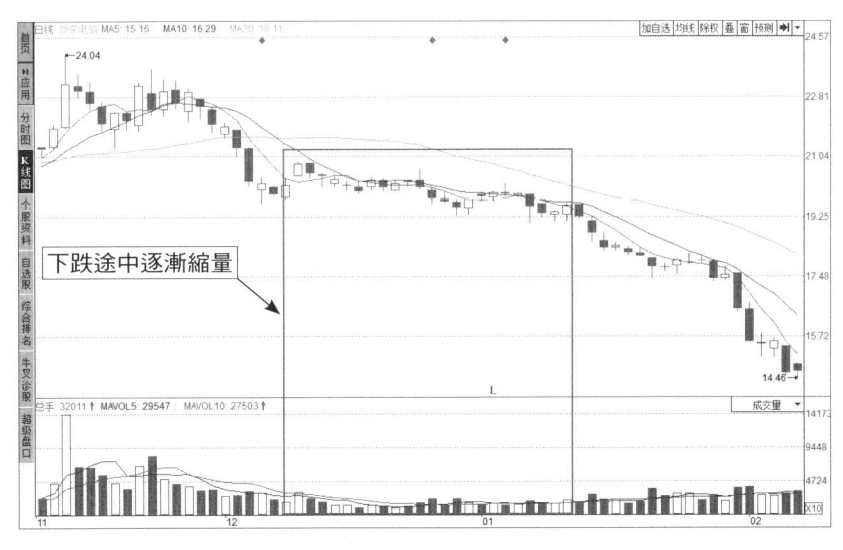

▲ 圖 6-13　下跌途中逐漸縮量

下跌後期的前段股票是逐漸放量的，而下跌後期的後段是逐漸縮量的，其原因是一些被深套的投資人，因忍受不了長期套牢的折磨，開始「割肉」出逃。

此時主力為了撿得廉價籌碼，一邊利用手中的股票向下砸，引發套牢盤恐慌殺跌，一邊又在低位承接大量賣盤。民生銀行（600016）的下跌後期的K線圖和成交量如圖6-14所示。

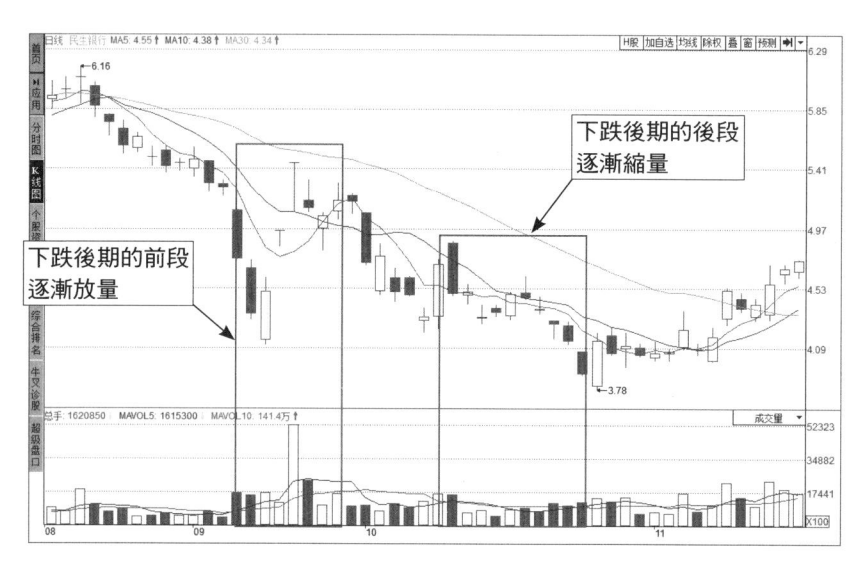

▲ 圖6-14　民生銀行（600016）下跌後期走勢

（專家提醒）

頂部放量，是絕對危險訊號；底部不放量，難言底。

6-3-3 快速放大量實戰分析

快速放大量的特徵很明顯，就是在連續出現較小量後，突然出現很大的成交量，即多空換手積極，在此展開一場生死搏殺。快速放大量的圖形如圖6-15所示。

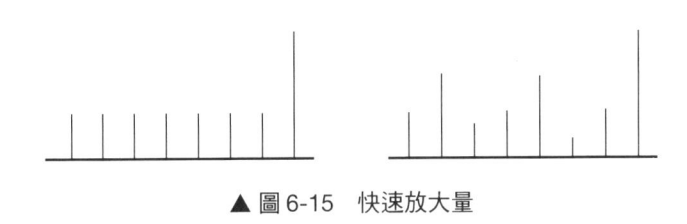

▲ 圖6-15 快速放大量

下面經由具體實例進一步講解，漲勢初期出現快速放大量，原因有兩種：第一，突發性利多消息為市場某些人獲悉，從而進場大量搶購籌碼。第二，主力在低位吸足籌碼，即建倉完畢，為了使股價迅速脫離他們的建倉成本區，採取快速放量拉升的動作。

無論哪一種情況，投資人都應順勢而為，果斷建倉。民生銀行（600016）在漲勢初期就出現快速放大量情況，如圖6-16所示。

上漲途中出現快速放大量，其原因很可能是股票上攻到某一關鍵壓力位時，多空雙方分歧加劇，看淡後市的人紛紛出貨，看好後市的人蜂擁而入，因而快速放大量。這時，買賣雙方搏殺十分激烈，哪方獲勝一時難料。

不過根據多年經驗，在上漲途中，特別是底部扎實的個股若出現這種情況，不出意外的話多方主力會繼續向上推進，即向上突破的可能性很大。

投資人面對這種情況時，可以密切關注盤面變化，日後若重心上

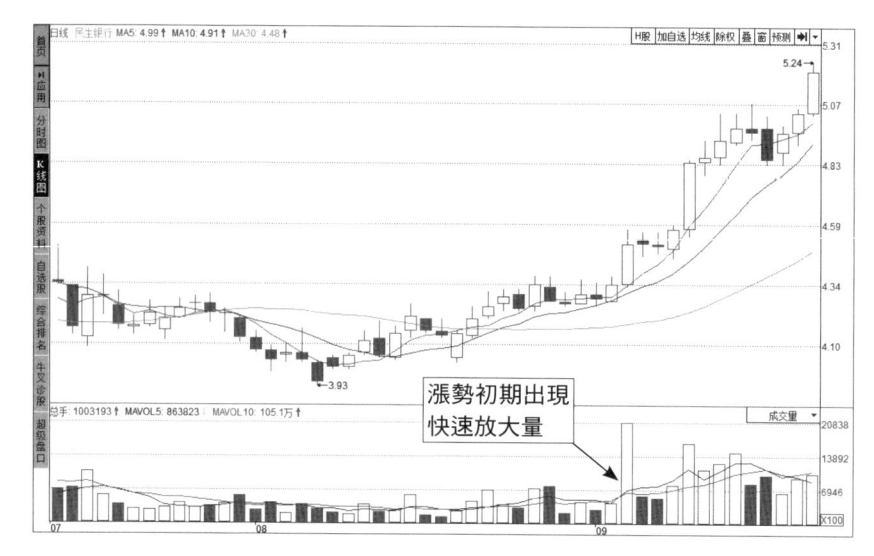

▲ 圖 6-16　漲勢初期出現快速放大量

移，就可適量買進，繼續做多。民生銀行（600016）在上漲途中，就出現快速放大量情況，如圖6-17所示。

在上漲後期出現快速放大量，其原因是股票連續大幅上漲後，加上利多消息不斷，媒體和股評的渲染，誘使市場上一些踏空者或剛入市不久的新股民冒險追高買入，這時主力就開始賣出手中的籌碼。

因此炒股高手一再指出，高位快速放大量無論是拉大陽線還是大陰線，對多方來說都是相當危險的訊號。投資人面對這種情況時，可果斷清倉或賣出手中大部分倉位，以後的幾個交易日一旦發現股價掉頭向下，就要毫不猶豫地斬倉出場。恒順醋業（600305）在上漲後期就出現快速放大量現象，如圖6-18所示。

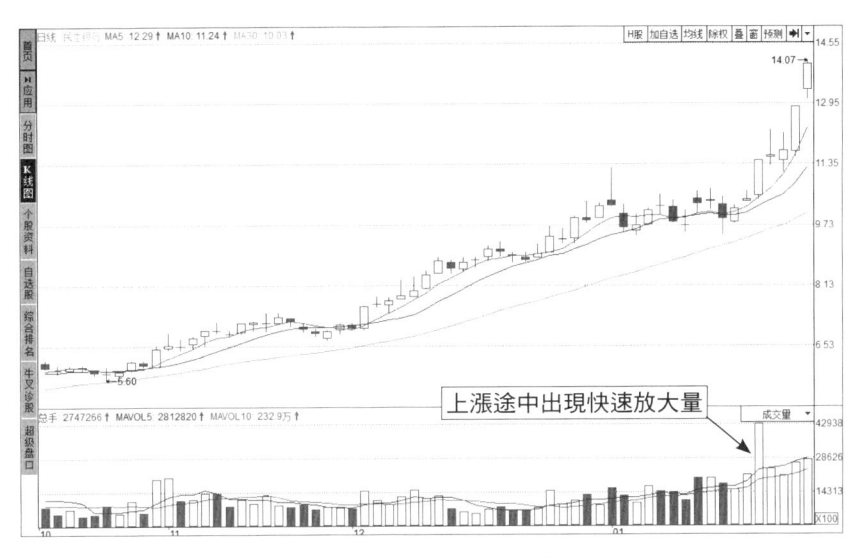

第 6 章　從成交量看懂主力操作，散戶賺錢的不敗秘訣

▲ 圖 6-17　上漲途中出現快速放大量

▲ 圖 6-18　上漲後期出現快速放大量

> **專家提醒**
>
> 上漲後期快速放量或放大量，是相當危險的訊號。

在下跌初期出現快速放大量，其原因是主力出貨堅決，只要盤面出現買盤就堅決賣掉，市場上已形成一股較大的做空力量。投資人面對這種情形時，應全線拋空及時斬倉出場。上海梅林（600073）在下跌初期就出現快速放大量情況，如圖6-19所示。

在下跌途中出現快速放大量，其原因有兩種：第一，主力第一次出貨沒有出完，利用股價下跌趨緩場中有人接盤時，再次集中出貨所致。第二，有相當多的投資人，包括中長線買家在此時已看清後市，而大量拋售籌碼。不管是哪種情況，都說明市場做空能量還很大，投資人應繼續做空，退出觀望。

如果投資人還有籌碼應果斷「割肉」出場，否則會一路深套下去；持幣者要保持冷靜，切不可輕舉妄動去做逢低吸納的傻事。博信股份（600083）在下跌途中就出現快速放大量情況，如圖6-20所示。

下跌後期出現快速放大量，原因是當股票經過連續大幅下跌後，股價已跌得面目全非。市場主力感到做多時機已到，但苦於短時間內在低位難以收到足夠的廉價籌碼，就借利空消息或先以向下破位的方式，製造市場恐怖情緒，讓一些長期深套者覺得極端失望後大量出逃，於是主力就可以乘機把投資人低位「割肉」的籌碼照單全收，這就是下跌後期快速放大量的原因。

面對這種情況，可以隨主力試著做多，適低吸納，分批建倉。持股者此時一定要清楚，切不可再輕易拋出籌碼。弘業股份（600128）在下跌後期就出現快速放大量情況，如圖6-21所示。

第 6 章　從成交量看懂主力操作，散戶賺錢的不敗秘訣

▲ 圖 6-19　下跌初期出現快速放大量

▲ 圖 6-20　下跌途中出現快速放大量

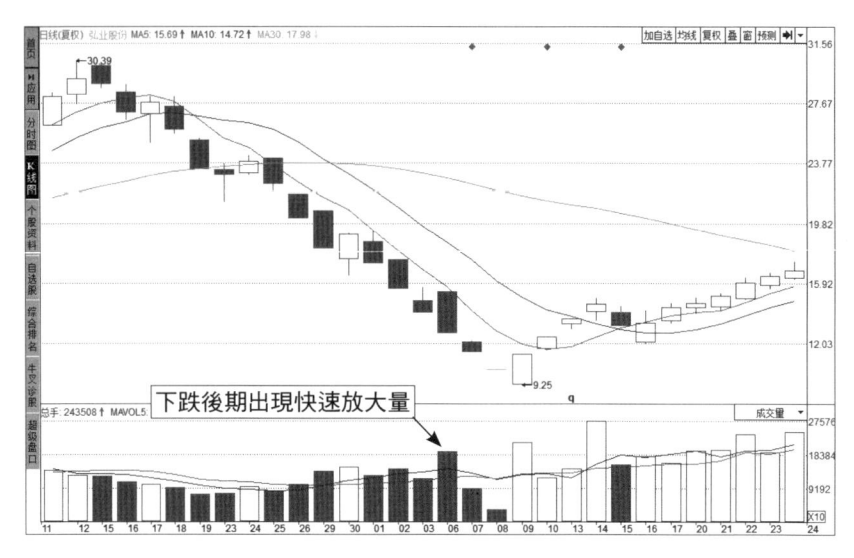

▲ 圖 6-21　下跌後期出現快速放大量

6-3-4　快速出小量實戰分析

快速出小量的特徵是：在連續出現較大量之後，突然出現很小的成交量。快速出小量的圖形如圖 6-22 所示。

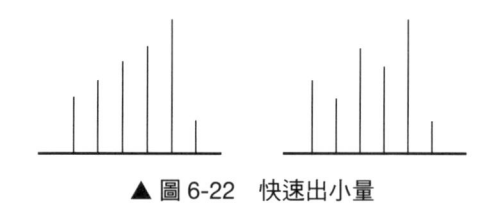

▲ 圖 6-22　快速出小量

快速出小量意味著買進數量突然縮小的同時，賣出的量也相應突然縮小。投資人不應簡單地判斷市場上是做空力量強，還是做多力量強，而應根據具體情況進行分析，下面經由實例來進行講解。

在漲勢初期出現快速出小量，原因有兩種：第一，股價見底後，前面下跌過程中建倉的主力，在震盪上行時成交量逐漸放大。但由於參與這次上攻的短線客太多，還有前期套牢盤的湧出，主力感到有必要對盤面進行一次清洗，蓄勢後再繼續上攻，這時主力突然停止做多，盤面上就出現成交量急劇減少的現象。

第二，由於突發事件主力突然放棄做多，這時成交量也會立即減少，雖然這種情況很少見，但也要注意。無論哪一種情況，投資人都暫時不要做多，等股價回落並衝過上一輪高點後再做多。中科曙光（603019）在漲勢初期就出現快速出小量現象，如圖6-23所示。

上漲途中出現快速出小量，原因有兩種：第一，股票有一段升幅後，獲利籌碼逐漸多了起來，多空雙方出現分歧。主力為了減輕日後上升壓力，往往會進行短線震盪洗盤。但回檔力度不大又被快速拉起，過程中持籌者不願意在此價位賣出，就形成成交量減少的局面。

▲ 圖6-23 漲勢初期出現快速出小量

第二，由於突發事件主力突然放棄做多，這時成交量也會立即減少，雖然這種情況很少見但也要注意。無論哪一種情況，投資人都暫時不要做多，等股價回落並衝過上一輪高點後再做多。中科曙光（603019）在上漲途中就出現快速出小量現象，如圖6-24所示。

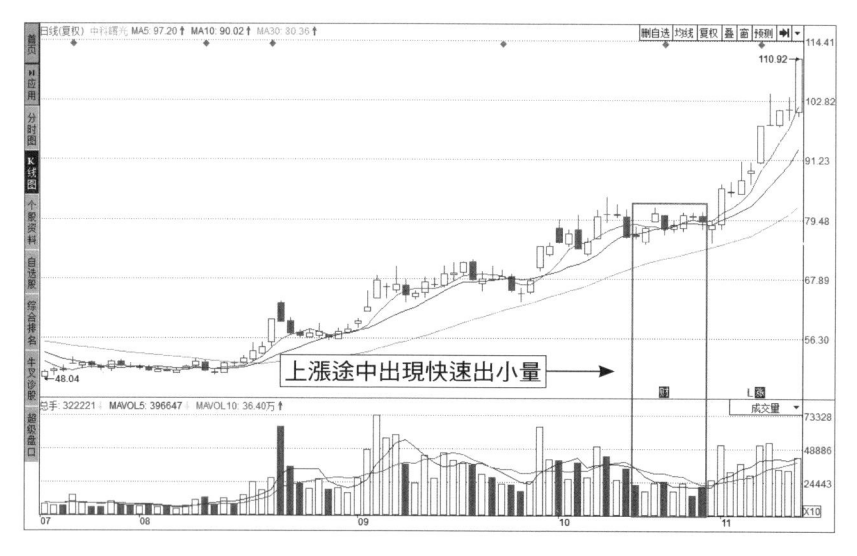

▲ 圖 6-24　上漲途中出現快速出小量

在上漲後期出現快速出小量，原因是股價連續大幅上漲後，主力經由邊拉升邊撤退的方法賣出大量籌碼。當主力勝利大逃亡後，自然不會再拉升股價，但由於慣性作用股價仍有繼續上衝動力，所以盤面上有時會出現成交量大幅減少。

股價仍繼續上漲的現象，由於主力已撤退，這種現象維持不了幾天。一旦等市場參與者醒悟過來，行情很快就會逆轉，投資人見到這種情況，要果斷清倉出場。華能國際（600010）在上漲後期就出現快速出小量現象，如圖6-25所示。

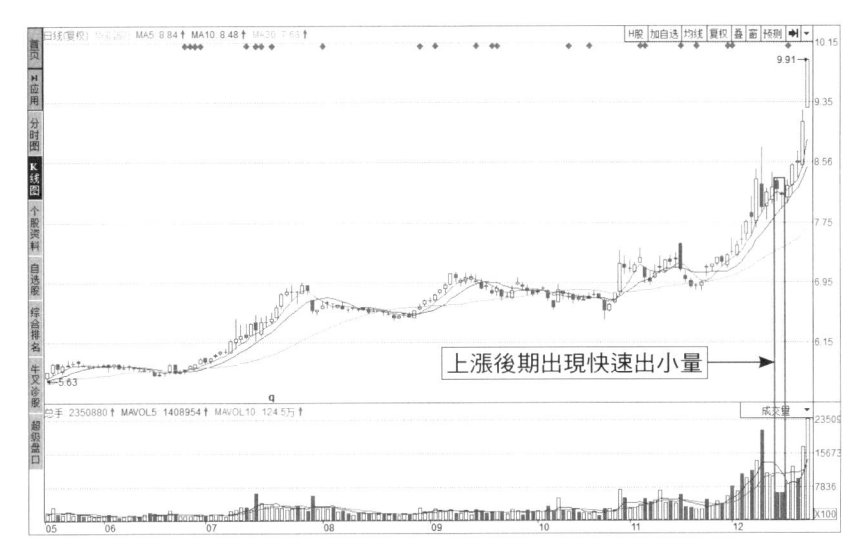

第 6 章　從成交量看懂主力操作，散戶賺錢的不敗秘訣

▲ 圖 6-25　上漲後期出現快速出小量

在下跌初期出現快速出小量，原因是主力在上漲後期邊拉升邊出貨，到股價轉跌時，已無貨可發。而一般散戶見股價回落，都會產生一種強烈的惜售心理。於是下跌初期，只有一些非主力機構或散大戶拋售，開始下跌時還會出現較大的量，但緊接著成交量就會急劇減少。

對於沒有主力，只有散戶撐著的行情走勢，日後大多會走向漫漫下跌之路。對於這種情況投資人應果斷出貨，及早撤退，如果舉棋不定，則拖的時間越長損失越大。根據操作經驗，在跌勢初期出現快速出小量，日後下跌空間會很大，經過一段漫長時間尋底後，行情才能再次啟動，投資人一定要有此認知。航太晨光（600501）在下跌初期就出現快速出小量現象，如圖 6-26 所示。

在下跌途中出現快速出小量，原因是股價經過一段時間下跌後，跌勢開始趨緩，此時有一部分投資人認為行情已經著底，開始進貨。但這時參與炒作的都是短線客，主力和中長線買家並沒有進場，而這些短線

▲ 圖 6-26　下跌初期出現快速出小量

客沒有能力拉高股價，當股價上不去時，無法再吸引新的資金入場。

且前面進入的短線客也開始出貨，這時成交量就會略有放大，但成交量很快又會萎縮下來，即快速出小量。面對這種情況，投資人不要抄底、不要搶反彈。湖南天雁（600698）在下跌途中就出現快速出小量現象，如圖6-27所示。

在下跌後期出現快速出小量，原因是股價經過長期大幅下跌後出現快速出小量，說明市場做空能量也大大釋放。從股價最後下跌先放量後快速縮量來看，此時看空、做空的投資已很少，該出場的基本上都走了，所以空方打壓就成強弩之末。

面對這種情況，投資人應轉空頭為多頭，做好充分準備，可以分批建倉。物產中大（600704）在下跌後期就出現快速出小量現象，如圖6-28所示。

第 6 章　從成交量看懂主力操作，散戶賺錢的不敗秘訣

▲ 圖 6-27　下跌途中出現快速出小量

▲ 圖 6-28　下跌後期出現快速出小量

6-3-5 量平實戰分析

量平的特徵是雖然有時會出現忽大忽小的成交量，但基本上整體呈現相同態勢。量平根據某一時間段成交量的大小，可分成量小平、量中平和量大平。量平的圖形如圖6-29所示。

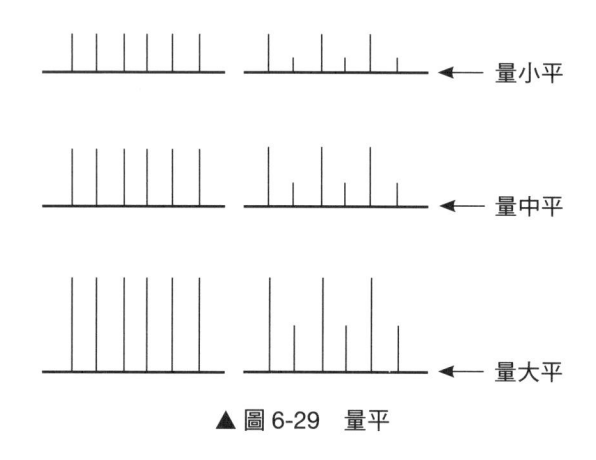

▲ 圖6-29 量平

量平不能認為風平浪靜，其實多空雙方始終在相互交戰。下面經由實例來講解量平的形成原因，及應採取的對策。

在漲勢初期出現量大平，原因是多方主力採取穩紮穩打的策略，雖然上攻時動用了很多「兵力」，但在一段時間內投入的「兵力」基本上相同。主力步步為營推高股價，這在盤面就出現量大平現象，在漲勢初期就能投入這麼多「兵力」，絕對是個實力超強的主力，不出意外的話，日後股價會有很大一段漲幅。

面對這種情況，投資人應採取重倉出擊策略，跟著主力做多。天汽模（002510）在漲勢初期就出現量大平現象，如圖6-30所示。

在上漲途中出現量小平、量中平的原因是，當股價經過一段時間上

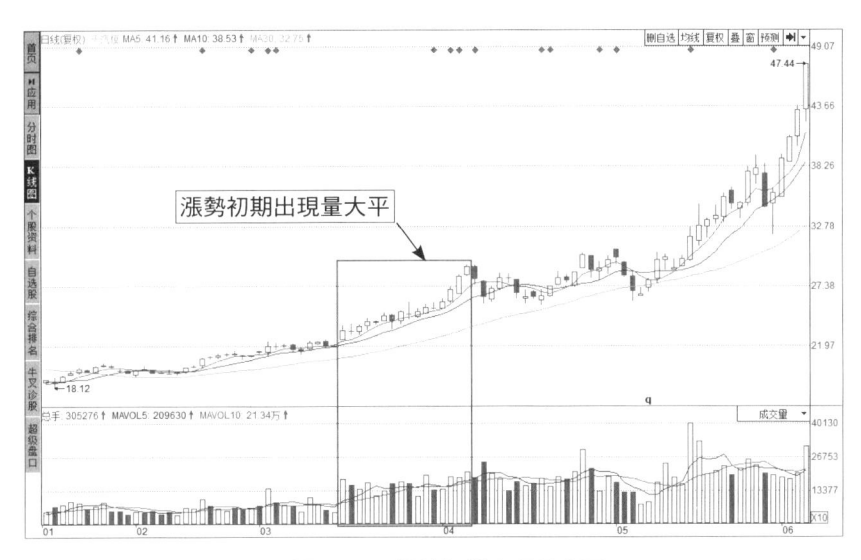

第 6 章　從成交量看懂主力操作，散戶賺錢的不敗秘訣

▲ 圖 6-30　漲勢初期出現量大平

升後，主力感到上升壓力越來越大，就無意再把股價做上去，但又不想讓股價深幅回落，讓做空者有機可乘。所以主力採取一種不溫不火的作戰方式，和空方打起太極，以此慢慢消化上檔浮籌，達到用時間來換取上升空間的目的，這時盤面就會出現量小平、量中平現象。

但投資人一定要注意，如果出現量大平就要提高警覺，謹防主力連續用量大平出貨。如果是量小平說明主力很強，可以持股做多；如果是量中平要謹慎做多；如果是量大平可以退出觀望，當放量衝過前期高點再進入。匯川技術（300124）在上漲途中就出現量中平現象，如圖6-31所示。

在上漲後期出現量中平、量大平的原因是，股價連續大幅上漲後，主力需要經由出貨將利潤放入口袋，這時他們常常趁投資人看好股票時不斷賣出，反映在盤面上就是量中平、量大平的現象。

面對這種情況，投資人要高度盯緊K線，一旦出現見頂訊號，就要

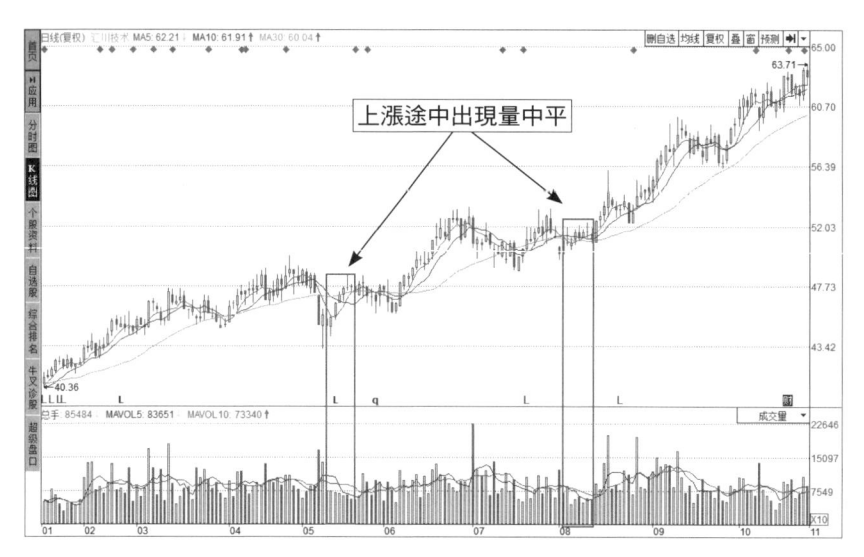

▲ 圖 6-31　上漲途中出現量中平

果斷減倉或清倉出場。如果是量小平，投資人可以再持股一段時間，因為主力一時是出不完貨的。恒順醋業（600305）在上漲後期就出現量大平的現象，如圖6-32所示。

在下跌初期出現量平的原因是，主力如果邊拉邊出貨，貨出的差不多了，則在下跌初期出現量小平；如果主力接近目標位後再大量出貨，則會出現量大平、量中平。但無論哪種情況，投資人都要全線做空，及時停損離場。曙光股份（600303）在下跌初期就出現量小平的現象，如圖6-33所示。

在下跌途中出現量小平、量中平的原因是，股價經過一段時間下跌後下跌趨勢已明顯，持股者中每天總有一批人醒悟過來。儘管很不情願，但也只得咬牙賣出一部分或全部籌碼。

從機率上來說，這種情況雖然時間上先後不一，但每日的成交量大致相同。只要沒有突發性的利多或利空消息，這種平靜而又趨弱的走

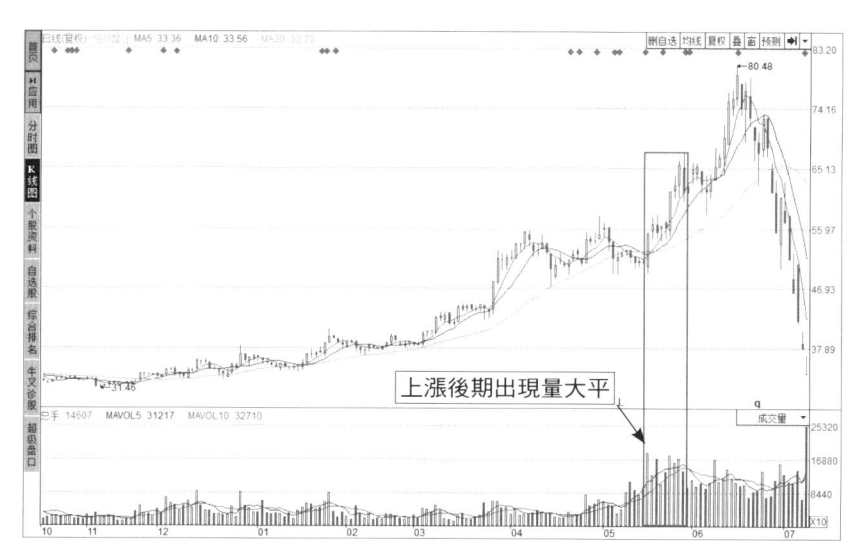

第 6 章　從成交量看懂主力操作，散戶賺錢的不敗秘訣

▲ 圖 6-32　上漲後期出現量大平

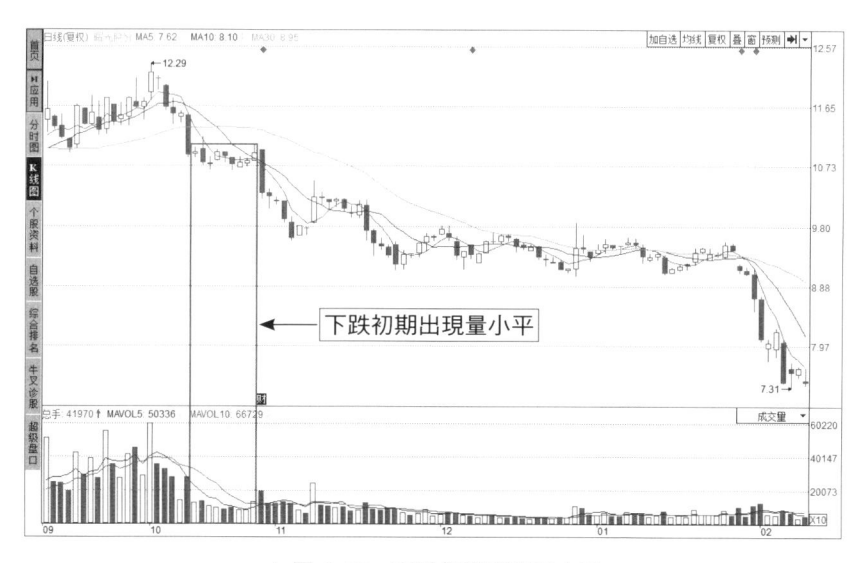

▲ 圖 6-33　下跌初期出現量小平

勢就會繼續下去。面對這種情況，投資人還是早點離場為佳。商業城（600306）在下跌途中就出現量小平的現象，如圖6-34所示。

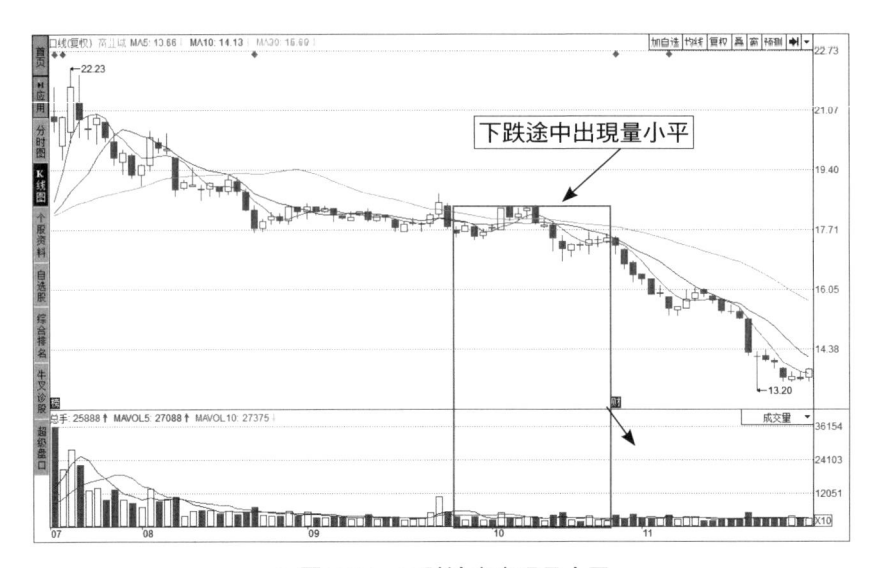

▲ 圖6-34　下跌途中出現量小平

在下跌後期出現量小平，原因是當股票經過連續大幅下跌後，股價已跌得面目全非，市場中的大多數人已經麻木不仁。這種零零星星的賣盤和買盤，很容易造成量小平現象。

面對這種情況，投資人不宜再看空，而是做好準備盯緊K線圖，看到見底訊號可以分批建倉。盤江股份（600395）在下跌後期就出現量小平的現象，如圖6-35所示。

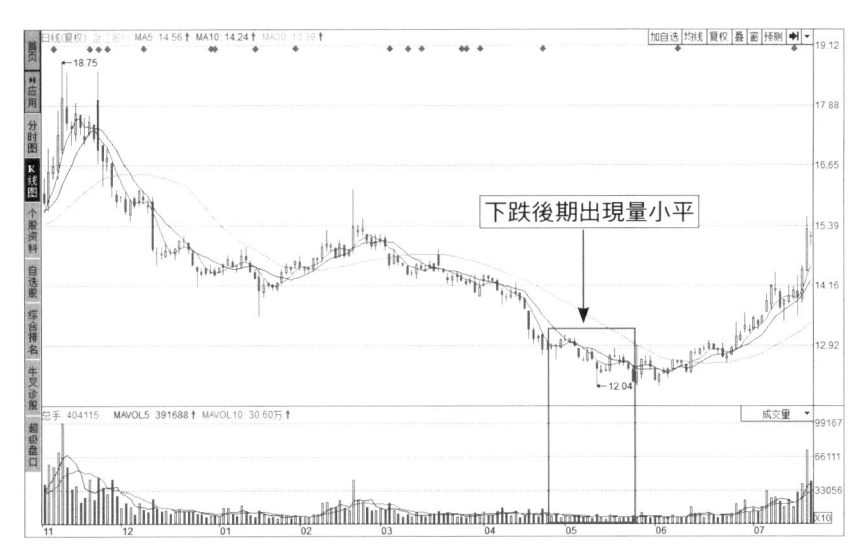

▲ 圖 6-35　下跌後期出現量小平

6-4 教你從主力角度來分析成交量

成交量往往會被主力做假,但主力只能讓成交增量,不能讓成交縮量,所以成交量萎縮是自然成交的結果,是真實的。放量時,投資人要站在主力的角度去思考,為什麼要放量、主力真正的意圖是什麼?

(1) 放量打壓股價以建倉或震倉

大盤走勢不好,或利空消息出現的時候,主力常常會經由對敲手段製造放量下跌的股價走勢,迫使投資人恐慌性低價籌碼賣出,以達到低價建倉或震倉的目的。

(2) 放量拉升股價以減倉或出貨

大盤走勢好或利多消息出台時,主力常常會經由對敲手段製造放量上漲的股價走勢,引誘投資人追高,以達到高價出貨的目的。

(3) 逆市放量以引誘市場跟風或暗中建倉

當大盤走勢不好時常常滿盤皆綠,而部分個股此時則會逆市走強,顯示自己強勢股的風範,吸引跟風者介入。當然,個股逆市走強有時是因為主力在逆市吸籌。這兩者的區別在於前者價格處於高位,後者價格處於低位。

Chapter 7

運用均線分析,股票、基金和期貨都能賺波段

7-1 均線是什麼？有哪些類型？

在炒股實戰中，均線佔有相當重要的地位。那麼均線究竟是什麼呢？均線是一條彎曲的趨勢線，用來追蹤趨勢，目的在於識別和顯示舊趨勢已經終結或反轉、新趨勢正在誕生。

7-1-1 均線的定義

均線是美國投資專家格蘭維爾創建的，由道氏股價分析理論的「三種趨勢說」演變而來，將道氏理論具體地加以數字化，從數字的變動中去預測股價未來短期、中期和長期的變動趨勢，為投資決策提供依據。

均線是指一定交易時間內的算術平均線，下面以 5 日均線為例來說明。將 5 日內的收盤價逐日相加，然後除以 5，就可以得出 5 日的平均值，再將這些平均值依先後次序連接成一條線，這條線就稱為 5 日移動平均線，其他平均線演算法依此類推。如圖 7-1 為同仁堂（600085）2021 年 2 月 3 日至 2021 年 7 月 9 日的日 K 線圖和均線。

第 7 章　運用均線分析，股票、基金和期貨都能賺波段

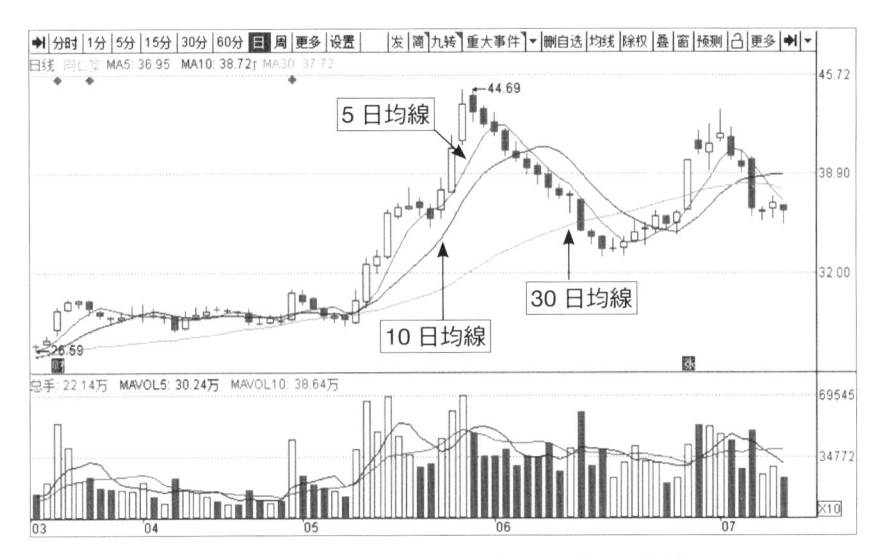

▲ 圖 7-1　同仁堂（600085）日 K 線圖和均線

7-1-2　均線的類型

均線按時間長短可分為以下三類。

(1) 短期均線

在各類短期均線中，比較常用的有 3 日、5 日、10 日、20 日和 30 日均線，下面分別進行講解。

- 3 日均線：一般是炒股軟體中最短時間週期的均線。由於時間短，波動非常敏感，對於價格平滑作用不高，因此該均線對於超短線操作者來說比較有參考價值。
- 5 日均線：是默認的均線，即 1 週交易日的平均價格，這是因為 1 週只有 5 個交易日。實際生活中，人們常常以週作為時間單位，所以 5 日均線是短線判斷者的依據。只要股價不跌破 5 日均線，就說明股價處於極強勢狀態。

- 10日均線：又稱半月線，是連續兩週交易的平均價格，也是考察股價在半個月內走勢變化的重要輔助線。相對於10日移動平均線而言，5日移動平均線起伏較大，特別是在震盪時期，買賣的訊號很難掌握，所以很多短線投資人常以10日移動平均線作為進出的依據。只要股價不跌破10日均線，就說明股價處於強勢狀態。
- 20日均線：又稱月線，標誌著股價在過去1個月的平均交易價格達到什麼水準。可看出在這1個月中，市場交易者處於獲利狀態還是被套狀態。20日均線是考慮股價短期走勢向中期走勢演變的中繼線。
- 30日均線：具有特殊的重要性，是股價短期均線和中期均線的分界線，使用頻率非常高，常結合其他均線一起使用。30日均線是短線主力的護盤線，這意味著股價突破30日均線，是市場短線主力進場的表現。只要股價不跌破30日均線，表示短線主力仍在其中。

> **專家提醒**
>
> 有些短線主力會使用25日均線或34日均線，作為短期的護盤線。

(2) 中期均線

在各類中期均線中，比較常用的有45日、60日、90日均線，下面分別進行講解。

- 45日均線：1個月的交易時間是22天，那麼45天均線基本上是兩個月線。該均線是一條承接短期均線和中期均線的中繼線，對

於研判股價的中期行情,常常具有先知先覺的作用。
- 60 日均線:是 3 個月的市場平均交易價格,也被稱為季線。這是一條比較常用、也是比較標準的中期均線,對於判斷股價的中期走勢有重要作用。
- 90 日均線:是中期均線和長期均線的分界線,其特點是走勢平滑、有規律,可作為判斷中期運行趨勢的重要依據。90 日均線常被主力相中,作為中期護盤線。這意味著股價突破 90 日均線,是市場中線主力進場的訊號,只要不跌破 90 日均線,表示中線主力仍在其中。

> **專家提醒**
>
> 有些中線主力會使用 75 日均線或 100 日均線,作為中期的護盤線。

(3) 長期均線

在各類長期均線中,比較常用的有 120 日、250 日均線,下面分別進行講解。

- 120 日均線:又稱半年線,其使用頻率在長期均線組合中較高,利用該均線可以觀察股價的長期走勢。一般來說在下降趨勢中,它是年線的最後一道「護身符」;而在上升趨勢中,它又是年線的前一個「擋箭牌」。半年線被股價突破的市場震撼力比較大,它意味著將進入長期上升趨勢或長期下降趨勢。
- 250 日均線:又稱年線,是股價運行一年後市場平均交易價格的反映,是股市長期走勢的生命線,也是「牛熊分界線」,為判斷牛市是否形成或熊市是否來臨的主要依據。250 日均線常被主力

相中,作為長期護盤線。這意味著股價突破 250 日均線,是市場長線主力進場的訊號,只要不跌破 250 日均線,表示長線主力仍在其中。

> **專家提醒**
>
> 有些長線主力會使用 225 日均線或 255 日均線作為長期的護盤線。

7-1-3 均線的特性

均線可以反映真實的股價變動趨勢,即常說的上升趨勢、下降趨勢。借助各種移動平均線的排列關係,可以預測股票的中長期趨勢,同時再靈活應用 K 線技術,就可以實現低買高賣,從而高獲利。

在使用移動平均線時,還要注意平均股價與實際股價在時間上有所超前或滯後,很難利用移動平均線把握股價的最高點和最低點。另外,股價在盤整時期,移動平均線買賣訊號會過於頻繁。在使用均線分析股票時,要注意均線的 5 個特性,如圖 7-2 所示。

(1) 平穩特性

由於均線採用的是「平均」股價,所以它不會像日 K 線圖那樣忽高忽低震盪,而是起落平穩。

(2) 趨勢特性

均線反映了股價的變動趨勢,所以具有趨勢特性。

(3) 助漲特性

在多頭市場中均線向一個方向移動,持續一段時間後才能改變方向。所以在股價的上漲趨勢中,均線可以看成多方的防線有助漲特性。

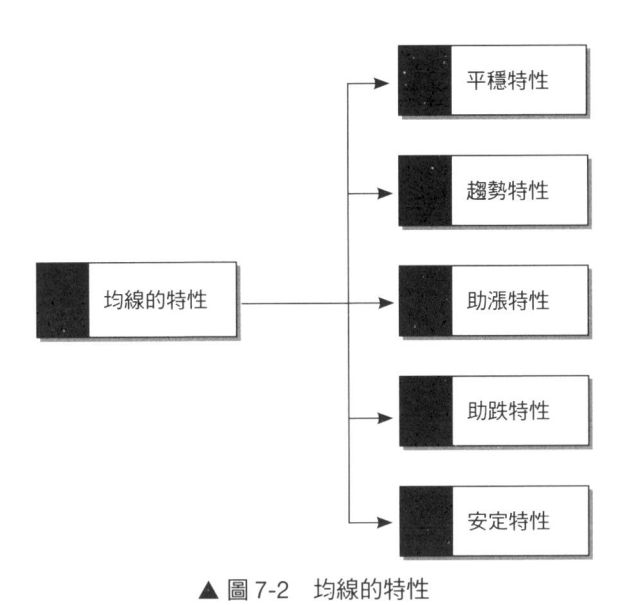

```
                    ┌─→ 平穩特性
                    │
                    ├─→ 趨勢特性
                    │
    均線的特性 ──────┼─→ 助漲特性
                    │
                    ├─→ 助跌特性
                    │
                    └─→ 安定特性
```

▲ 圖 7-2　均線的特性

(4) 助跌特性

　　與助漲特性相反，在股價的下跌趨勢中，均線可以看成空方的防線，具有助跌特性。

(5) 安定特性

　　通常越長期的均線，越能表現出安定特性，即股價漲勢必須真正明確後，移動平均線才會往上走。例如股價在下落之初，移動平均線還是向上走的；只有股價下落顯著時，移動平均線才會向下走。

7-2

【實戰案例】
運用均線和 K 線買入個股

均線在實戰炒股中應用相當廣泛,下面來講解如何利用均線和 K 線來買進股票。

7-2-1　利用黃金交叉來買入

黃金交叉出現在上漲初期,由兩根移動平均線組成,一根時間短的均線由下向上穿過一根時間長的均線,且時間長的均線是向上移動的。黃金交叉如圖 7-3 所示,線段「———」表示短期移動平均線;虛線「------」表示中期移動平均線;點線「………」表示長期移動平均線。

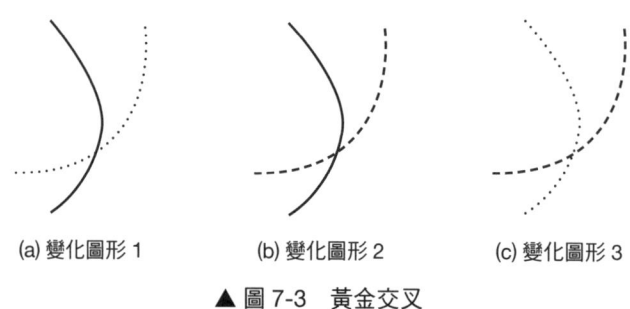

(a) 變化圖形 1　　　(b) 變化圖形 2　　　(c) 變化圖形 3

▲ 圖 7-3　黃金交叉

股價經過大幅下跌後出現黃金交叉，這就是一個明顯的見底訊號，投資人可以積極做多。在黃金交叉中，兩線交叉的角度越大，見底訊號越明顯。在圖 7-3 中，（c）的見底訊號最強，其次是（b），見底訊號最差的是（a）。如圖 7-4 所示的是泰格醫藥（300347）2020 年 10 月 12 日至 2021 年 1 月 25 日的日 K 線。

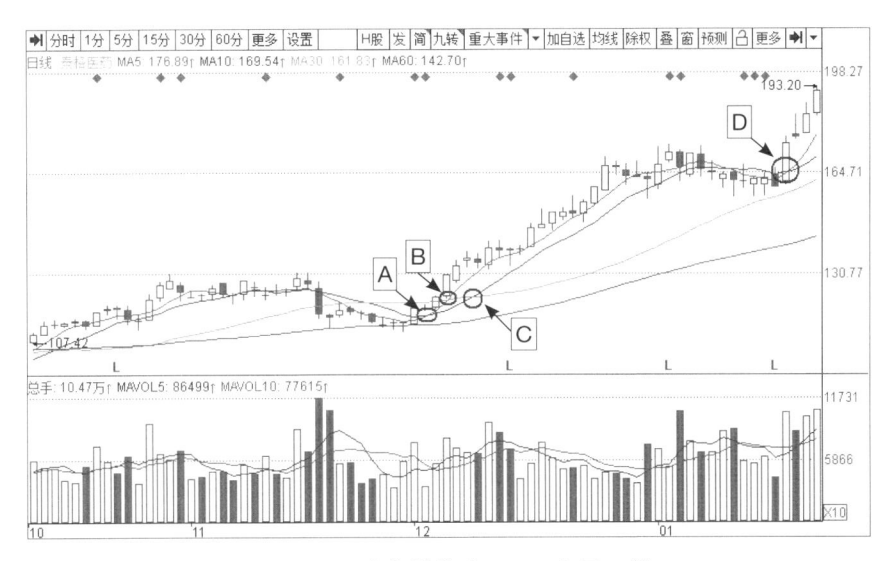

▲ 圖 7-4　泰格醫藥（300347）日 K 線

其股價在明顯的上漲行情中出現回檔，經過 10 個交易日，正好回檔到 60 日均線附近，股價開始止跌。在 A 處，股價一根中陽線站上 5 日和 10 日均線，然後股價繼續小陽線上漲，這時 5 日均線上穿 10 日均線，即出現第一個黃金交叉。這是一個買入訊號，如果手中有該股籌碼可以繼續持有；如果沒有，則可以買入該股票。

隨後股價繼續上漲，在 B 處出現第二個黃金交叉，即 5 日均線上穿 10 日均線。接著股價繼續上漲，在 C 處出現第三個黃金交叉，即 10 日

均線上穿 30 日均線。

A、B、C 處都是買入訊號。只不過 C 處的買入成本最高，B 處次之，A 處成本最低。隨後股價繼續沿著 5 日和 10 日均線上漲，及時買進的投資人獲利豐厚。

經過一波上漲之後股價再次回檔，注意這一波回檔空間很小，僅僅回檔到 30 日均線附近就止跌了，然後在 D 處再度出現黃金交叉。即 5 日均線上穿 10 日均線，這是一個新的買入訊號，投資人在 D 處仍可以繼續買進該股票。從其後走勢可以看出，及時介入的投資人，短時間就會有不錯的獲利。

7-2-2　利用首次和再次黏合向上發散形來買入

首次黏合向上發散形可以出現在下跌後橫盤末期，也可以出現在上漲後橫盤末期，幾根黏合在一起的均線同時以噴射狀向上發散。首次黏合向上發散的圖形如圖 7-5 所示。

在首次黏合向上發散形中，黏合時間越長，則向上發散的力度越大。還要注意在向上發散時，要有成交量的支援，否則均線系統剛發散又會重新黏合，股價上升也會曇花一現。

此外，在黏合向上發散初期買進風險較小，越到後面風險越大。還有一點要注意，當均線發散時，距離越大回檔風險越大，如 5 日均線與 30 日均線距離大，一般都會回檔。

再次黏合向上發散形，即第二次黏合向上發散形，少數情況下也有第三次、第四次，它們的技術特徵是相同的。再次黏合向上發散形的圖形如圖 7-6 所示。

首次黏合向上發散形的出現，說明第一次向上發散，是過去積弱太

第 7 章　運用均線分析，股票、基金和期貨都能賺波段

▲ 圖 7-5　首次黏合向上發散形　　▲ 圖 7-6　再次黏合向上發散形

久或主力做盤故意打壓，經過整理後多方又發動一次進攻，即再次發散，這時是投資人買入的機會，買入後成功機會將很大。如圖 7-7 所示的是同仁堂（600085）2021 年 2 月 8 日至 2021 年 5 月 27 日的日 K 線。

其股價在明顯的上漲行情中，經過一波上漲之後出現回檔，在 A 處，5 日、10 日、30 日均線黏合，這表示股價面臨著變盤。一旦股價上攻就會向上發散，即出現一波上漲行情，所以這時要特別關注。

從其後走勢可以看出，均線黏合之後，股價一根中陽線向上突破，

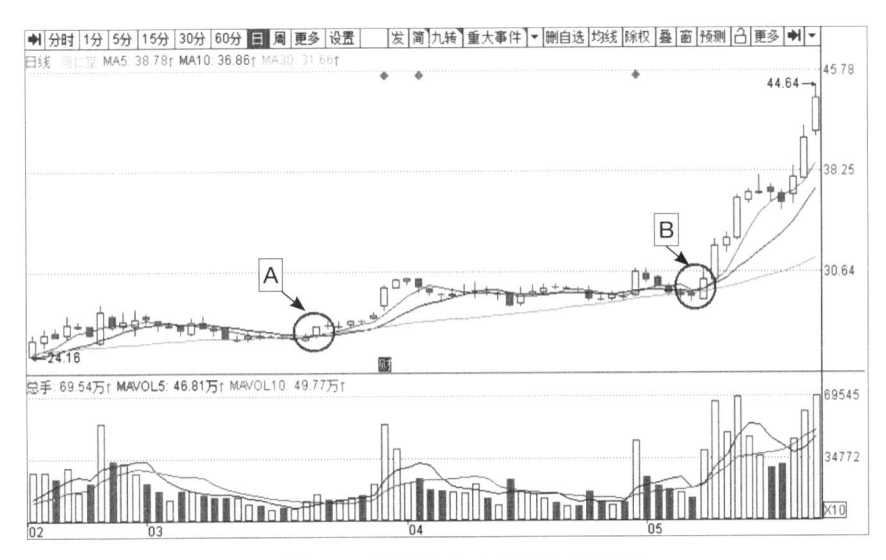

▲ 圖 7-7　同仁堂（600085）日 K 線

隨後股價開始沿著5日均線上漲。投資人手中如果有該股票籌碼，可繼續持有；如果沒有，則可以沿著5日均線繼續買入。

股價經過一波上漲後再度橫盤整理，然後在B處再度出現均線黏合，所以這裡也要特別關注。一旦向上突破，均線向上發散，新的買入機會就來了。

從其後走勢可以看出，股價在B處黏合，一根中陽線向上突破，開始一波上漲行情。手中有多單的投資人，可以繼續持有；沒有多單的投資人，可以沿著5日均線繼續買入，短時間就會有不錯的獲利。

7-2-3　均線買入的技術陷阱

如果股價經過長時間大幅上漲，然後在高位震盪，這時均線出現黃金交叉或黏合向上發散，只可輕倉跟隨。並且要十分小心，一有不利的訊號就要及時出場，否則就會被主力套在高位。如圖7-8所示的是贛鋒鋰業（002460）2020年12月18日至2021年3月8日的日K線。

其股價經過長時間、大幅度上漲後在高位震盪，這時再出現均線黏合，仍可以關注做多機會。但一定要注意，一旦有不利的訊號要及時出場。

在A處，均線再度黏合，然後一根中陽線向上突破，這表示股價有可能繼續上漲一波，這時可以買入。但投資人要知道這裡是高位，一旦股價沒有按預期走，要第一時間賣出。

從其後走勢可以看出，股價沿著均線僅上漲2個交易日，就出現低開回檔，雖然沒有跌破均線，但也可以看出已經上漲無力。隨後股價低開跌破5日、10日和30日均線，均線黏合向下發散，投資人要及時賣出手中的股票籌碼，否則就會越套越深。

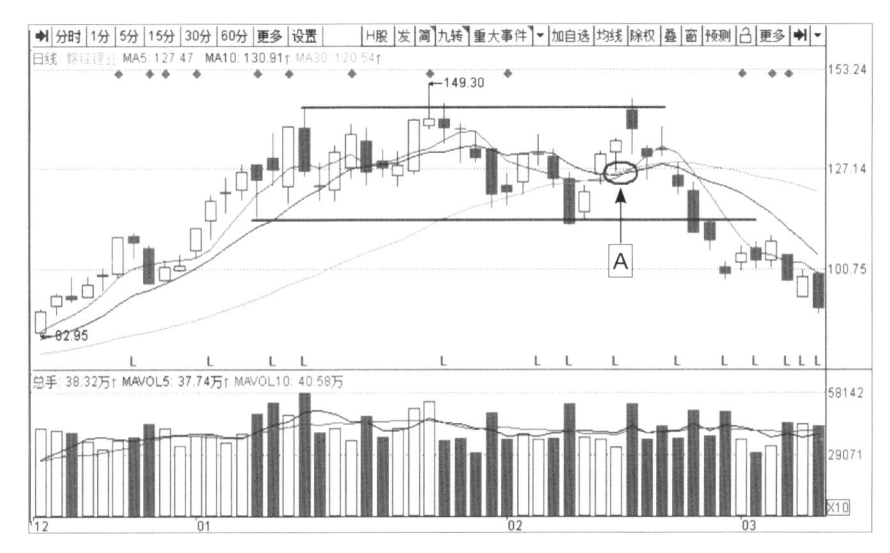

第 7 章　運用均線分析，股票、基金和期貨都能賺波段

▲ 圖 7-8　贛鋒鋰業（002460）日 K 線

　　如果股價處於明顯的下跌趨勢中，均線出現黃金交叉或黏合向上發散，最好是多看少動。如果怕錯過行情可以輕倉跟隨，一旦有不利的訊號就快速出場觀望。

　　如圖 7-9 所示的是樂普醫療（300003）2020 年 7 月 9 日至 2020 年 12 月 24 日的日 K 線。其股價經過長時間、大幅度上漲後創出 46.96 元高點，然後在高位震盪。高位震盪後一根中陰線跌破 5 日、10 日和 30 日均線，股價進入震盪下跌行情。

　　在明顯的震盪下跌行情中，股價經過一波下跌後有所反彈，這時就會出現均線的黃金交叉，如 A、B、C、D、E 和 F 處。短線高手雖然可以在這些位置輕倉做多，一旦有不利的訊號就要及時賣出，否則會被套在半山腰。總之，在下跌趨勢中，如果想參與反彈行情一定要輕倉，並且見好就收，千萬不能有被套就硬撐的想法。

▲ 圖 7-9　樂普醫療（300003）日 K 線

7-3 【實戰案例】運用均線和 K 線賣出個股

下面講解如何利用均線和 K 線，來賣出手中的股票籌碼。

7-3-1 利用死亡交叉和死亡谷來賣出

死亡交叉出現在下跌初期，由兩根移動平均線組成，一根時間短的均線由上向下穿過一根時間長的均線，且時間長的均線是向下移動的。死亡交叉的圖形如圖 7-10 所示。

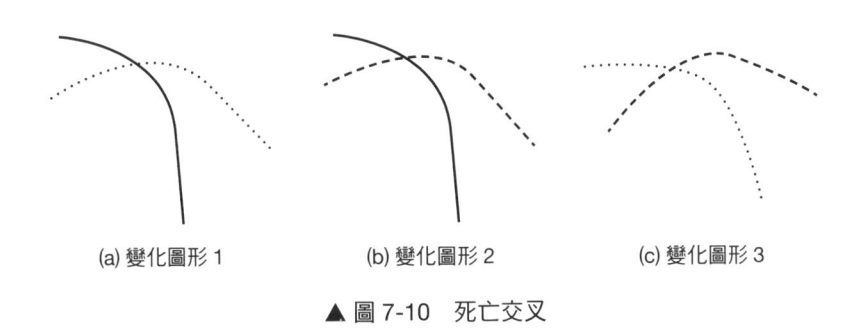

(a) 變化圖形 1　　　　(b) 變化圖形 2　　　　(c) 變化圖形 3

▲ 圖 7-10　死亡交叉

股價經過大幅上漲後出現死亡交叉，這就是一個明顯的見頂訊號，投資人可以積極做空。死亡交叉中，兩線交叉的角度越大，見頂訊號越明顯。如圖 7-10 中，（c）的見頂訊號最強，其次是（b），見頂訊號最差的是（a）。

死亡谷出現在下跌初期，由三根移動平均線交叉組成，形成一個尖頭向下的不規則三角形。死亡谷的圖形如圖 7-11 所示。

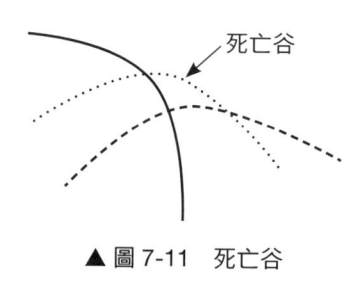

▲ 圖 7-11　死亡谷

在死亡谷形成過程中，尖頭向下的不規則三角形的出現，表示空方力量積聚相當大的殺跌能量，是一個見頂訊號。投資人見此訊號還是逃跑為妙，如果逃不及會遍體鱗傷，死亡谷見頂訊號比死亡交叉更強。

如果股價經過較長時間較大幅度的上漲，然後在高位震盪，在震盪過程中出現死亡交叉和死亡谷，一定要及時出場，否則就會被深套。

> **專家提醒**
>
> 如果在週 K 線或月 K 線中出現死亡交叉，見頂訊號就更明顯，且會有一段較大的跌幅，投資人清倉出場為妙。

如圖7-12所示的是金龍魚（300999）2020年12月25日至2021年3月24日的日K線。其股價經過幾波上漲後，創出145.62元高點，然後開始在高位震盪。

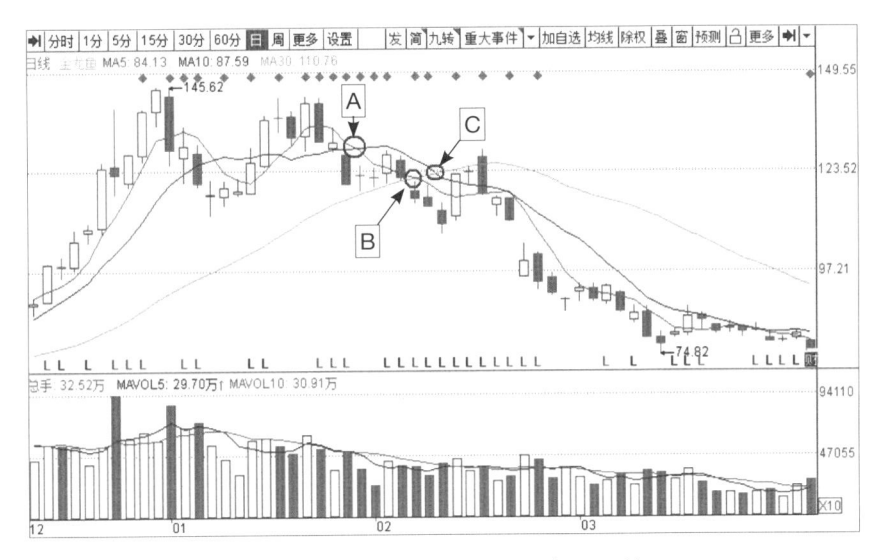

▲ 圖7-12　金龍魚（300999）日K線

在A處，5日均線下穿10日均線，即出現死亡交叉，這是一個不利的訊號，最好減倉或清倉出場觀望。隨後股價繼續下跌，在B處股價跌破30日均線，且5日均線下穿30日均線，又一次出現死亡交叉。投資人如果還沒有出場，現在最好及時出場。

股價繼續下跌，10日均線下穿30日均線，即C處。這時A、B和C組成死亡谷，此處就不要再心存幻想，一定要果斷停利或停損出場。

股價雖有反彈，但沒有突破30日均線壓制，這是最後的賣出機會。如果在這裡投資人還沒有體認到股價已經轉勢，即由上升趨勢已轉為下跌趨勢，並且是下跌初期，那麼其後必然被深套。如果股價處在明

顯的下跌行情中出現反彈，在反彈的末端出現死亡交叉和死亡谷，也要果斷出場觀望，否則也會被套在半山腰。

如圖 7-13 所示的是華海藥業（600521）2020 年 8 月 17 日至 2021 年 4 月 12 日的日 K 線。其股價經過長時間、大幅度上漲後，創出 45.70 元高點，隨後股價在高位略震盪之後，就開始下跌。

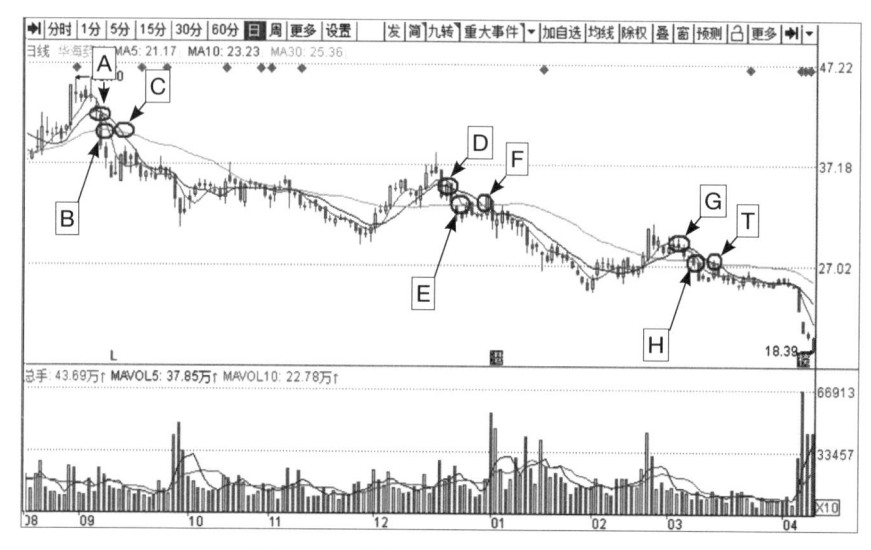

▲圖 7-13　華海藥業（600521）日 K 線

在 A 處，5 日均線下穿 10 日均線，即出現死亡交叉，這是一個不利的訊號，最好減倉或清倉出場觀望。隨後股價繼續下跌，在 B 處，股價跌破 30 日均線，且 5 日均線下穿 30 日均線，又一次出現死亡交叉，如果還沒有出場的話，現在最好及時出場。

股價繼續下跌，10 日均線下穿 30 日均線，即 C 處，這時 A、B 和 C 組成死亡谷。此處不要再心存幻想了，一定要果斷停利或停損出場。

股價經過一大波下跌後出現反彈，在反彈末端先是出現一根帶有長

上影線的中陰線，然後一根大陰線跌破5日和10日均線。隨後在D處，5日均線下穿10日均線，即出現死亡交叉，投資人抄底多單要清倉出場了。

在E處，股價跌破30日均線，且5日均線下穿30日均線，又一次出現死亡交叉。在F處，10日均線下穿30日均線，這時D、E和F組成死亡谷，此處一定要果斷出場，否則會被套在半山腰。

股價經過一波下跌後再度反彈，反彈結束後，在G處，5日均線下穿10日均線；在H處，5日均線下穿30日均線；在T處，10日均線下穿30日均線。這時G、H和T組成死亡谷。同樣地，此處一定要果斷出場，否則就會被套在半山腰。

7-3-2　利用首次和再次黏合向下發散形來賣出

首次黏合向下發散形可以出現在上漲後橫盤末期，也可以出現在下跌後橫盤末期，幾根黏合在一起的均線，同時以噴射狀向下發散。首次黏合向下發散的圖形如圖7-14所示。

在首次黏合向下發散形中，黏合時間越長，向下發散的力度越大。還要注意在向下發散時，如果成交量放大情況更加不妙，還是停損離場為佳。

再次黏合向下發散形，即第二次黏合向下發散形，少數情況下也有第三次、第四次，它們的技術特徵是相同的。再次黏合向下發散形的圖形如圖7-15所示。

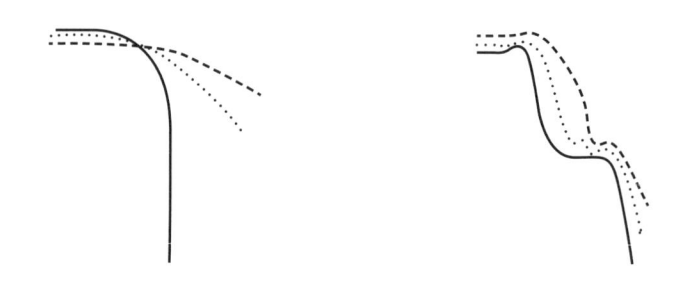

▲ 圖 7-14　首次黏合向下發散形　　▲ 圖 7-15　再次黏合向下發散形

　　如果股價經過較長時間較大幅度的上漲，然後在高位震盪，震盪過程中出現首次和再次黏合向下發散，一定要及時出場，否則就會被深套。如圖 7-16 所示的是老百姓（603883）2020 年 12 月 31 日至 2021 年 7 月 7 日的日 K 線。

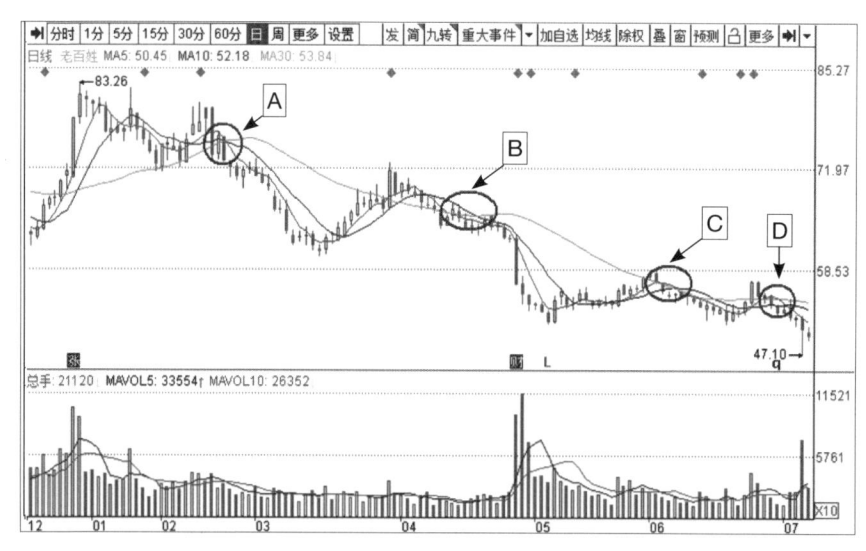

▲ 圖 7-16　老百姓（603883）日 K 線

第 7 章　運用均線分析，股票、基金和期貨都能賺波段

　　其股價經過一波上漲，創出 83.26 元高點，然後在高位震盪。高位震盪之後，在 A 處出現均線的黏合，即第一次黏合。注意股價跌破了所有均線，所以手中還有該股籌碼的投資人要及時賣出。

　　經過一波下跌後股價出現反彈，反彈結束後，在 B 處出現第二次均線黏合，這也是賣出訊號，抄底的多單要及時賣出。同理，C 處出現第三次均線黏合，D 處出現第四次均線黏合，都是賣出訊號，抄底多單要及時賣出。

7-3-3　均線賣出的技術陷阱

　　如果股價經過長時間大幅下跌，探明底部區域開始震盪上漲，且上漲幅度不大，這時均線出現死亡交叉或死亡谷。7-17 所示的是道森股份（603800）2020 年 12 月 7 日至 2021 年 7 月 9 日的日 K 線。

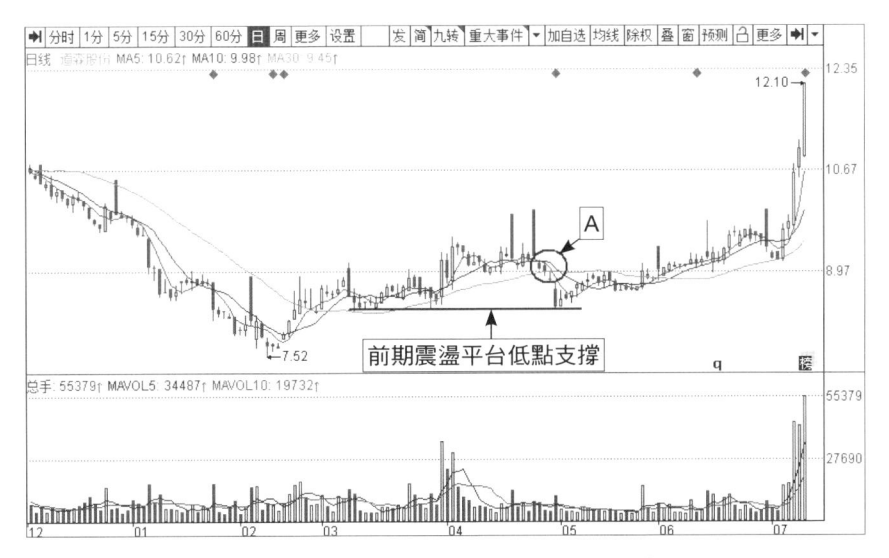

▲ 圖 7-17　道森股份（603800）日 K 線

其股價經過長時間、大幅度下跌之後，創出 7.52 元低點，然後開始震盪盤升。要注意的是剛開始上漲時，上漲時間雖然很長但幅度很小。經過一段時間上漲之後股價出現回檔，在 A 處出現死亡谷看空訊號。短線投資人可以賣出手中的股票籌碼，等低點再接回；中線投資人可以耐心持有，因為股價已探明底部，且上漲幅度很小。

從其後走勢來看，股價回檔到前期震盪平台的低點附近，再度得到支撐。然後股價繼續震盪盤升，最後開始快速上漲，中線持有的投資人往往會有較大獲利。

如果股價處於明顯的上升趨勢中，這時均線出現死亡交叉或死亡谷，不要太恐慌，要認真分析主力是在洗盤，還是在出貨。只要上升趨勢保持完好，就可以耐心持倉。

如圖 7-18 所示的是比亞迪（002594）2020 年 10 月 9 日至 2021 年 1 月 25 日的日 K 線。其股價經過一波上漲之後，出現矩形橫盤整理。在這種整理行情中，只要股價不跌破下方的支撐線，中線多單就可以耐心持有。

在矩形橫盤整理過程中，出現死亡谷看空訊號，即 A 處。這時不用太害怕，只要不跌破矩形的下方支撐線，耐心持有即可。從其後走勢可以看出，股價橫盤整理之後，實現向上突破，又開始新一波上漲行情，所以中線持有的投資人往往會有較大的獲利。

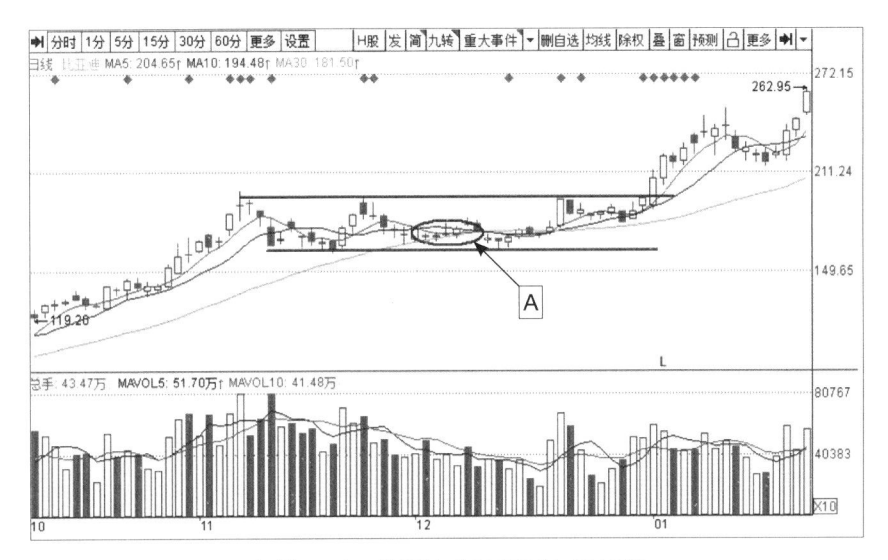

第 7 章　運用均線分析，股票、基金和期貨都能賺波段

▲ 圖 7-18　比亞迪（002594）日 K 線

7-4 葛蘭碧的均線 8 大法則

葛蘭碧的「均線買賣 8 大法則」分為兩類,即 4 大買入法則和 4 大賣出法則,下面經由實例具體進行講解。

7-4-1　4 大買入法則

　　第一買入法則:均線從下降狀態開始走平,同時股價從平均線下方突破平均線時,為買進訊號,如圖 7-19 所示,A 處陽線就是一個不錯的買點。

　　第二買入法則:股價下穿均線,而均線仍在上行,不久股價又回到均線之上時,為買進訊號,如圖 7-20 所示,A 處陽線就是一個不錯的買入點。

　　第三買入法則:股價原在均線之上,現股價突然下跌,但未跌破均線又上升時,為買進訊號,如圖 7-21 所示,A 處陽線就是不錯的買入點。

　　第四買入法則:股價原在均線之上,突然暴跌,從而遠離均線,物極必反,是買進時機,如圖 7-22 所示,A 處陽線就是不錯的買入點。

第 7 章　運用均線分析，股票、基金和期貨都能賺波段

▲ 圖 7-19　探路者（300005）2020 年 3 月 16 日至 2020 年 8 月 21 日的日 K 線

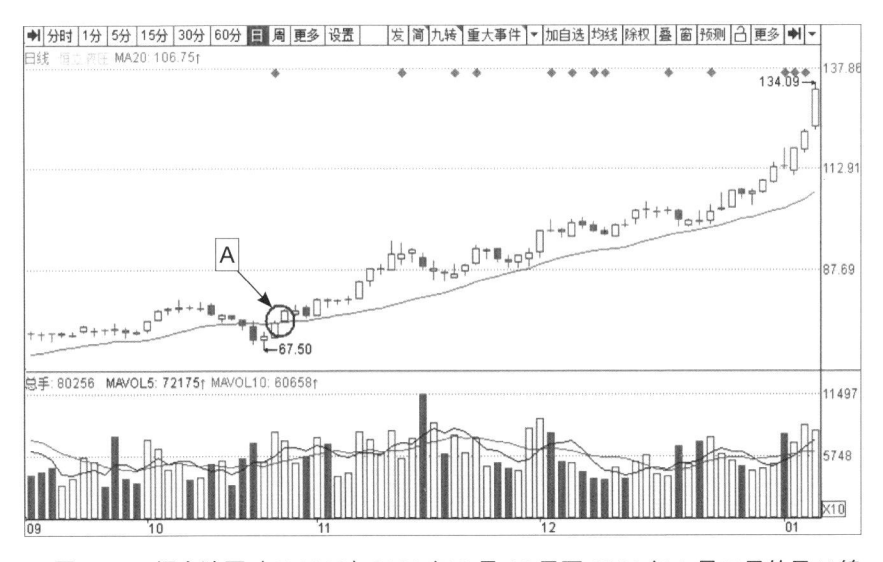

▲ 圖 7-20　恒力液壓（601100）2020 年 9 月 16 日至 2021 年 1 月 7 日的日 K 線

253

▲ 圖 7-21　西藏藥業（600211）2021 年 1 月 25 日至 5 月 14 日的日 K 線

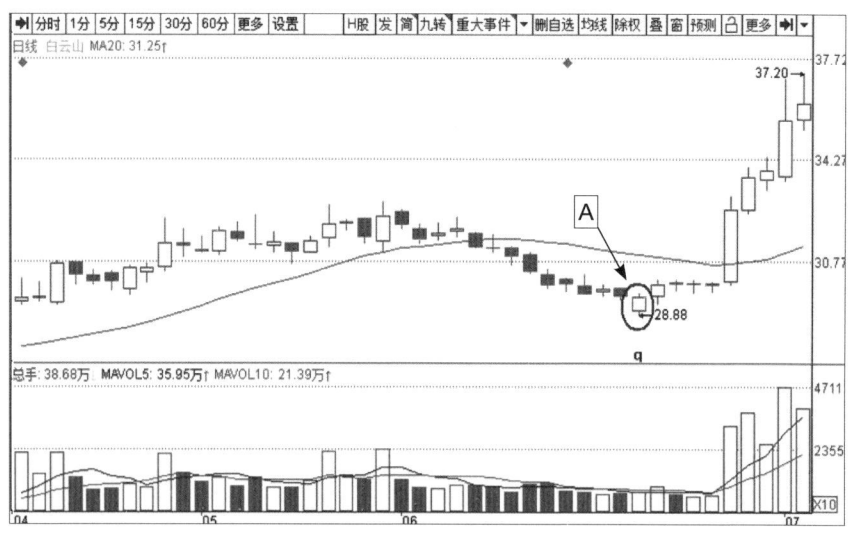

▲ 圖 7-22　白雲山（600332）2021 年 4 月 28 日至 7 月 2 日的日 K 線

> **專家提醒**
>
> 一般採用的均線,為 5 日、10 日、20 日、30 日、60 日等。日數越多,畫出的曲線越平滑;日數越少,畫出的曲線越陡,這裡用的是 20 日均線。

7-4-2　4大賣出法則

　　第一賣出法則:均線從上升狀態開始走平,同時股價從均線上方向下跌破均線時,為賣出訊號,如圖 7-23 所示,A 處陰線就是一個不錯的賣出點。

　　第二賣出法則:股價上穿均線,而均線仍在下行,不久股價又回到均線之下時,為賣出訊號,如圖 7-24 所示,A 處陰線就是一個不錯的賣出點。

　　第三賣出法則:股價原在均線之下,現股價突然上漲,但未漲到均線處又開始下跌時,為賣出訊號,如圖 7-25 所示,A 處陰線就是一個不錯的賣出點。

　　第四賣出法則:股價原在均線之上,現突然暴漲而遠離均線時,物極必反,是賣出訊號,如圖 7-26 所示,A 處大陽線就是不錯的賣出點。

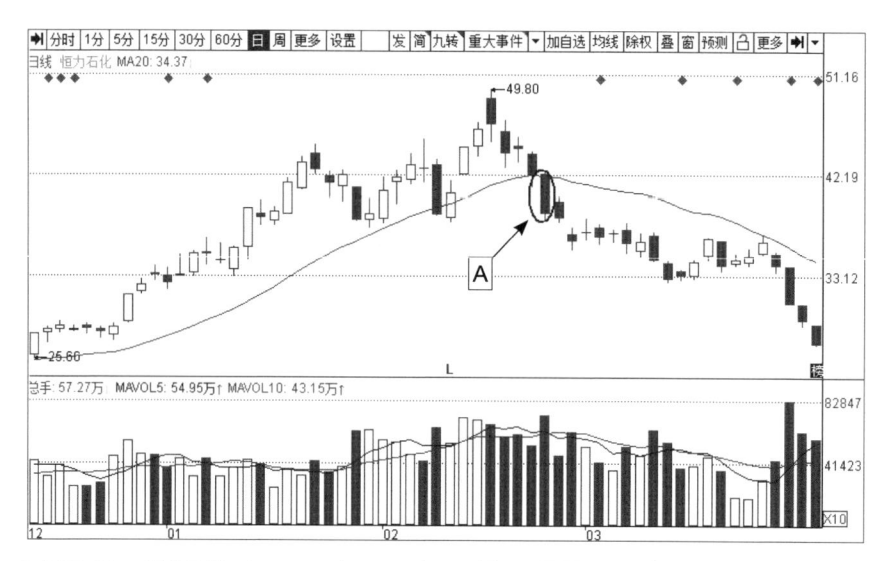

▲ 圖 7-23 恒力石化（600346）2020 年 12 月 24 日至 2021 年 3 月 24 日的日 K 線

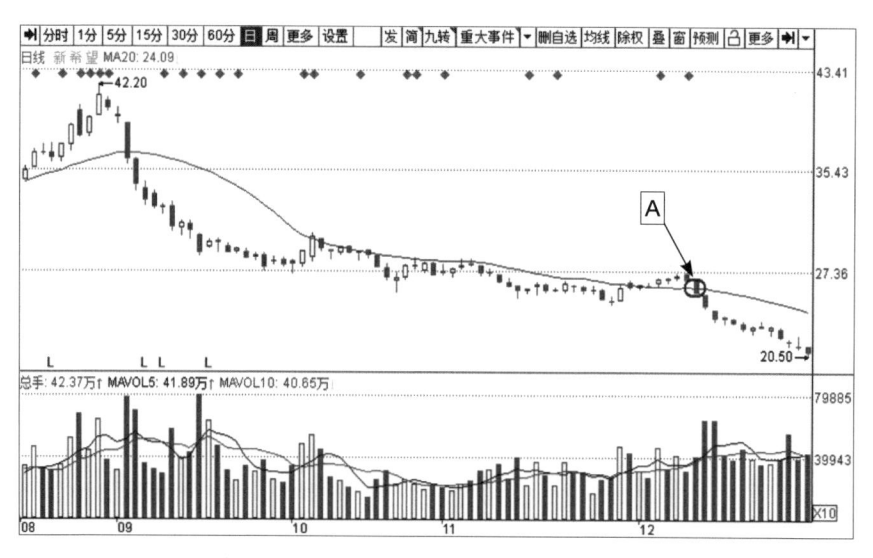

▲ 圖 7-24 新希望（000876）2020 年 8 月 21 日至 12 月 25 日的日 K 線

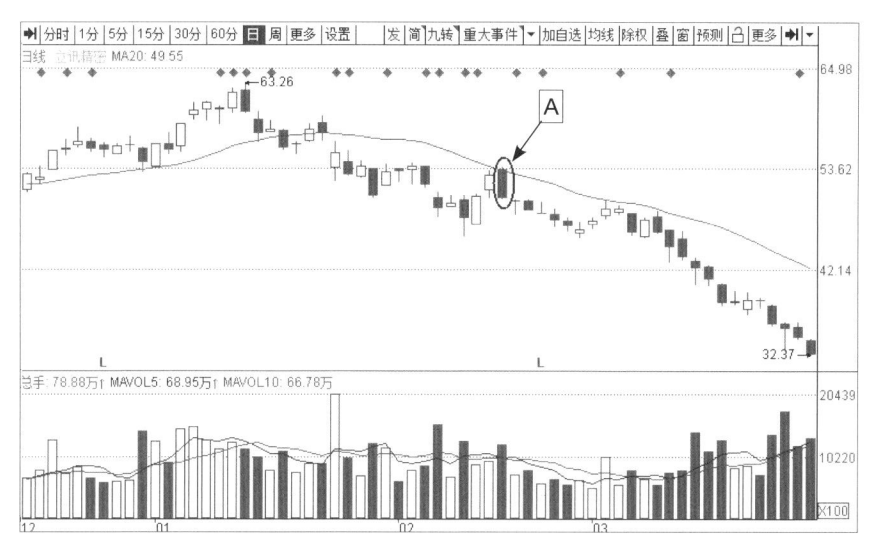

第 7 章　運用均線分析，股票、基金和期貨都能賺波段

▲ 圖 7-25　立訊精密（002475）2020 年 12 月 21 日至 2021 年 3 月 24 日的日 K 線

▲ 圖 7-26　雙匯發展（000895）2020 年 6 月 12 日至 2021 年 9 月 14 日的日 K 線

Chapter 8

跟著趨勢走，你就能輕鬆成為市場贏家

8-1

趨勢有 3 種：
上升、水平和下降

股市行情有起有伏，股價有漲有跌，但趨勢是行情的方向，掌握趨勢就等於掌握行情的主線；節奏是趨勢的韻律，掌握節奏就等於掌握趨勢的脈搏。抓住趨勢、掌握節奏是每個投資人，在股市征程中不得不面臨的技術難題，也是股市投資戰鬥力的源泉。

8-1-1 趨勢的定義

趨勢是指股市何去何從的方向，更確切地說，「趨」是未來股價運動的方向，「勢」是未來股價在運動方向上的力量。

趨勢的形成是由於股票市場中，參與的人和資金都是大規模的數據，一旦上升趨勢或下降趨勢形成，就將延續，直到被新的趨勢所代替。

任何一支股票在不同時期，都會沿著一定的趨勢持續運行。所以經由趨勢分析，可以預測和判斷未來股價的走勢。投資人只要根據具體情況，採取適宜、高效的投資策略，從而掌握一些大機會、少犯一些原則性錯誤，即可成為股市中的大贏家。

8-1-2 趨勢的方向

趨勢具有三種方向，分別是上升、水平趨勢和下降。很多投資人習慣性認為股市只有兩種趨勢方向，要麼上升，要麼下降。但實際上，還有一種橫向盤整，據統計至少有 1/3 的時間，股價處於橫向盤整之中，對於這一點投資人一定要注意。

(1) 上升趨勢

如果隨著時間的推移，K 線圖中的每個價格高點依次上升，每個價格低點也依次上升，那麼這種價格運動趨勢就是上升趨勢。即每當價格回檔時，還沒有等到跌到前一次的低點時，買家就迫不及待地湧入，推動價格繼續上漲；而當價格臨近前一次高位時，買家又毫不猶豫地持續買入，使價格再創新高。

如此來回幾次，便形成一系列依次上升的波峰和波谷，這就是「牛市特徵」。

(2) 水平趨勢

水平趨勢又稱橫向盤整趨勢，即隨著時間的推移，K 線圖中的股價沒有創出新高，也沒有創出明顯的新低，基本上就是在兩條水平線之間做折返運動。

這種趨勢不適合判斷未來的股價運動方向，股價只有突破上面的水平壓力線或下面的水平支撐線時，才能使我們看到市場真正的運動方向，這就是「牛皮市特徵」。

(3) 下降趨勢

如果隨著時間的推移，K 線圖中的每個價格高點依次下降，每個價格低點也依次下降，那麼這種價格運動趨勢就是下降趨勢。即每當價格反彈時，還沒有等漲到前一次的高點時，賣家就迫不及待地拋售，促使

價格回落；而當價格臨近前一次低點時，賣家又毫不猶豫地賣出，使價格再創新低。

如此來回幾次，便形成一系列依次下降的波峰和波谷，這就是「熊市特徵」。

如圖 8-1 所示的是上證指數（000001）2018 年 2 月 2 日至 2019 年 12 月 27 日的週 K 線，在這裡可以看到上升趨勢、水平趨勢和下降趨勢。

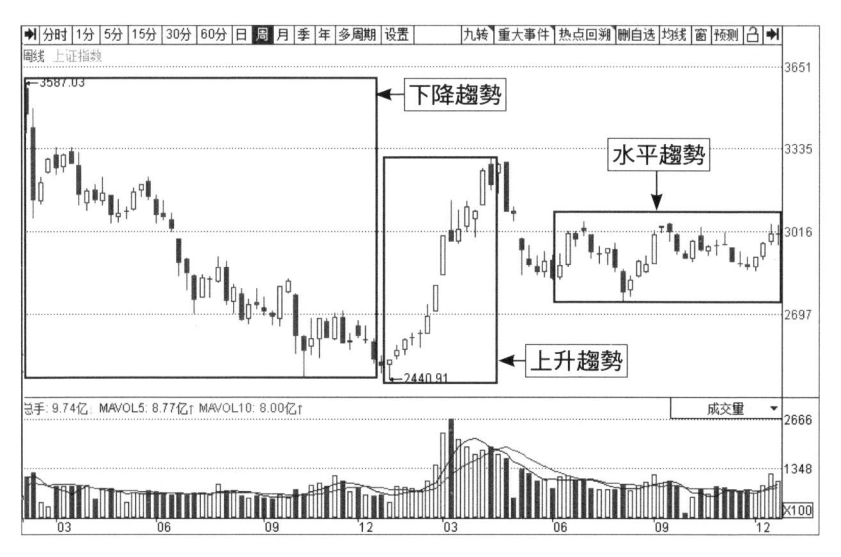

▲ 圖 8-1　上證指數（000001）週 K 線

8-2

【實戰案例】
運用趨勢線和 K 線買入個股

在分析趨勢時,常常經由繪製趨勢線來做分析。畫趨勢線是衡量趨勢發展的手段,經由趨勢線的方向,可以明確看到價格的發展方向。

8-2-1　趨勢線的定義

趨勢線的繪製方法很簡單,在上升趨勢中,將兩個明顯的反轉低點連成一條直線,就可以得到上升趨勢線,上升趨勢線具有支撐作用;在下降趨勢中,將兩個明顯的反轉高點連成一條直線,就可以得到下降趨勢線,下降趨勢線具有壓力作用。如圖 8-2 所示,為上證指數的上升趨勢線和下降趨勢線。

從方向上來說,趨勢線分為上升趨勢線和下降趨勢線。上升趨勢線預示股價或指數的趨勢是向上的;下降趨勢線預示股價或指數的趨勢是向下的。從時間上來說,趨勢線分為長期趨勢線、中期趨勢線和短期趨勢線。

第一,長期趨勢線是連接兩大浪的谷底或峰頂的斜線,時間跨度為幾年,它對股市的長期走勢將產生巨大影響。

第二，中期趨勢線是連接兩中浪的谷底或峰頂的斜線，時間跨度為幾個月，甚至一年以上，它對股市的中期走勢將產生巨大的影響。

第三，短期趨勢線是連接兩小浪的谷底或峰頂的斜線，時間跨度不超過2個月，通常只有幾個星期，甚至幾天時間，它對股市的走勢只會產生短暫影響。

▲ 圖 8-2　上證指數的上升趨勢線和下降趨勢線

8-2-2　利用上升趨勢線買入

上升趨勢形成後，股價將沿著上升趨勢線向上運行，運行過程中可能會有短時間的回檔，很多時候會回落至趨勢線附近。這時投資人如果利用少量資金及時跟進，然後再順勢加倉，通常會有不錯的獲利。

如圖 8-3 所示的是宏發股份（600885）2021年2月22日至2021年7月12日的日K線。其股價經過一波快速下跌之後，創出45.00元低點，

第 8 章　跟著趨勢走，你就能輕鬆成為市場贏家

然後開始震盪盤升。

利用 A 和 B 處的兩個低點，繪製一條上升趨勢線。在 C 處，股價連續小幅回檔 8 個交易日，正好回檔到上升趨勢線，所以 C 處是不錯的買入點。股價在 C 處止跌後，連續上漲 3 個交易日，正好上漲到前期高點附近，短線高手可以停利。隨後股價再度回檔，再度回檔到上升趨勢線附近止跌，即 D 處，所以 D 處又是新的買入位置。

股價在 D 處止跌後，再度上漲，上漲到前期高點附近，短線高手仍可以停利。股價再度回檔，回檔到上升趨勢線附近，即 E 處，所以 E 處仍是一個不錯的買入點。隨後股價開始震盪上漲，突破了前期高點附近的壓力，但接著再度回檔。

注意這一波沒有回檔到上升趨勢線，而是在其上方止跌，這就要根據 K 線技術來操作了，所以 F 處是一個買入點。從其後走勢可以看出，F 處止跌後，開始一波快速上漲，也是獲利最豐厚的一段時間。

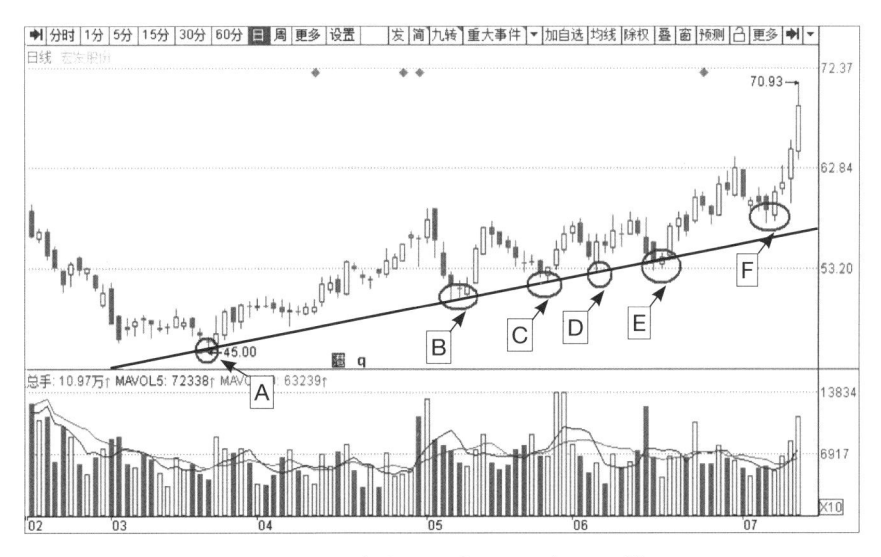

▲ 圖 8-3　宏發股份（600885）日 K 線

8-2-3　利用下降趨勢線買入

如果股價處在明顯的下降趨勢中，即股價一直處在長期下降趨勢線下方運行，最好的操作策略是不要碰這支股票，耐心觀察什麼時候能有效突破長期下降趨勢線。一旦突破，要特別關注然後逢低買進，就可以輕鬆獲利。

如圖 8-4 所示的是川恒股份（002895）2021 年 2 月 9 日至 2021 年 7 月 12 日的日 K 線。其股價從 43.00 元開始下跌，用 4 年多的時間下跌到 9.60 元，下跌幅度高達 77.67%。創出 9.60 元低點之後，在低位又盤整十幾個交易日，然後一根中陽線向上突破，突破下降趨勢線，即 A 處，這意味著下跌行情要結束，新的上漲行情要開始。

A 處突破下降趨勢線，是一個比較好的買入點。隨後股價開始震盪盤升，雖然剛開始上漲得很慢，但主力在低位吸籌完畢後就開始快速拉升。所以在 A 處買進的投資人，只要拿住手中的籌碼，往往都會有巨大獲利。

如果股價已處於明顯的上升趨勢中，然後出現回檔，回檔後股價又突破中期下降趨勢線，那麼這也是相當不錯的加倉點。

如圖 8-5 所示的是通威股份（600438）2020 年 4 月 28 日至 2020 年 12 月 25 日的日 K 線。其股價在明顯的上漲行情中，如果出現回檔，正好回檔到上升趨勢線附近，就是新的買入點，所以 A 和 C 處都是不錯的買入點。

股價回檔可以繪製出下降趨勢線，當股價突破下降趨勢線時，也是不錯的買入點，所以 B 和 D 處也是較好的買入點。

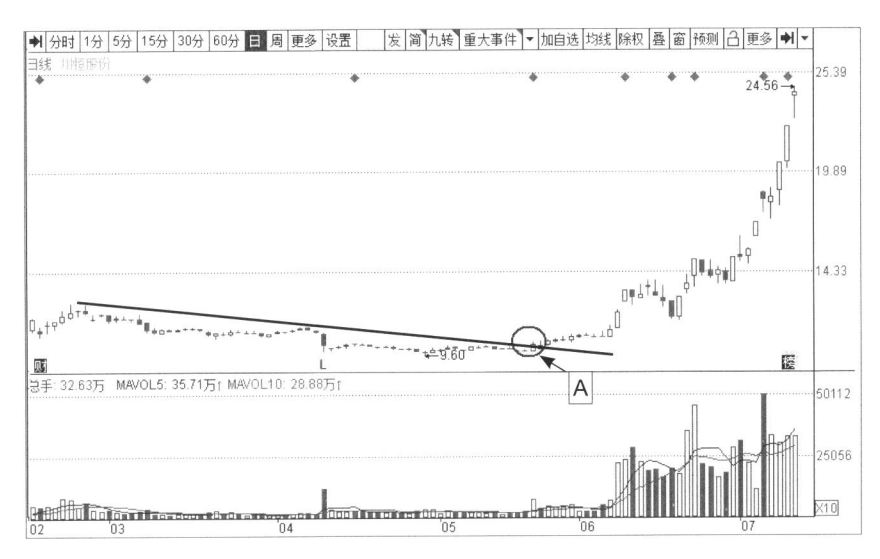

第 8 章　跟著趨勢走，你就能輕鬆成為市場贏家

▲ 圖 8-4　川恆股份（002895）日 K 線

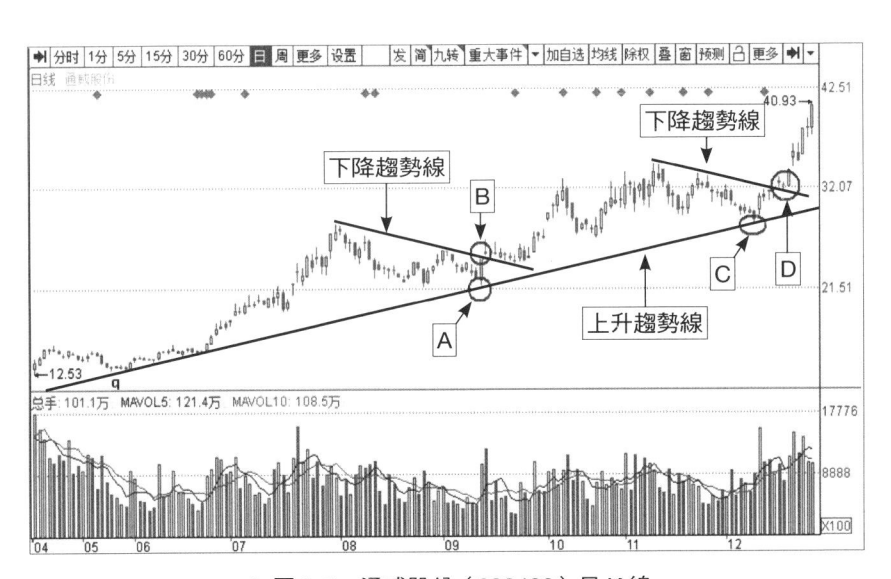

▲ 圖 8-5　通威股份（600438）日 K 線

8-3
【實戰案例】
運用趨勢線和 K 線賣出個股

前面講解了如何利用 K 線和趨勢線買入股票,下面來講解如何利用 K 線與趨勢線賣出股票。

8-3-1　利用上升趨勢線賣出

如果股價經過長時間大幅上漲,然後在高位震盪,並在震盪中跌破上升趨勢線的支撐,一定要及時出場觀望,否則會損失慘重。

如圖 8-6 所示的是恒立液壓(601100)2020 年 11 月 27 日至 2021 年 5 月 10 日的日 K 線。其股價經過長時間、大幅度上漲後,創出 137.66 元高點,然後在高位震盪。在高位震盪的末端,又開始拉高。

投資人一定要明白這是在高位拉升,很可能是主力誘多。但為了不錯過行情,此處可以輕倉跟進,一旦有不利的訊號就要出場,即短線思維。

股價上漲到前期高點附近,收一根大陰線,並且跌破上升趨勢線,即 A 處,意味這一波反彈結束,高位進的籌碼要及時賣出。

隨後股價繼續大跌,並且在 B 處跌破雙頂的頸線,意味股價雙頂形

第 8 章　跟著趨勢走，你就能輕鬆成為市場贏家

▲ 圖 8-6　恒立液壓（601100）日 K 線

成，要開始新的大跌行情了。所以投資人要果斷賣出手中的所有籌碼，否則就會被深套。

如果股價處在明顯的下降趨勢中出現反彈，而且參與反彈行情，一旦股價跌破上升趨勢線，要及時出場觀望。如圖 8-7 所示的是安車檢測（300572）2020 年 8 月 21 日至 2021 年 5 月 13 日的日 K 線。

其股價經過長時間、大幅度上漲後，創出 79.55 元高點，然後高位略做震盪就開始下跌。股價經過一大波下跌後開始震盪反彈，在明顯的下跌行情中股價出現反彈，可以輕倉參與。但股價一旦跌破上升趨勢線，就要果斷賣出手中的籌碼，即 A、B、C 處都要堅決賣出手中的籌碼。

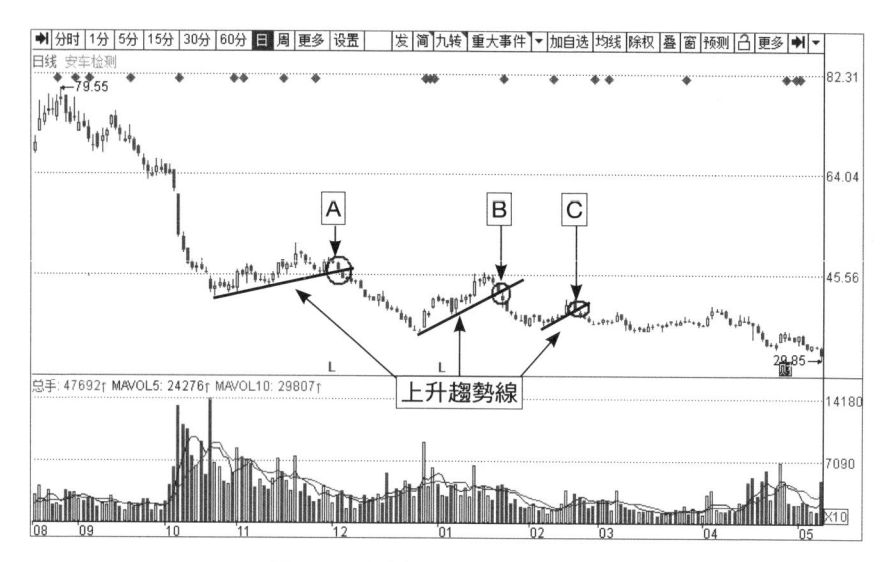

▲ 圖 8-7　安車檢測（300572）日 K 線

8-3-2　利用下降趨勢線賣出

　　股價經過大幅上漲，然後在高位震盪出場後開始快速下跌，再反彈，反彈高點一次比一次低，形成下降趨勢。連接兩個關鍵高點，就可以繪製一條下降趨勢線。

　　如圖 8-8 所示的是凱利泰（300326）2020 年 10 月 12 日至 2021 年 2 月 1 日的日 K 線。其股價經過一波反彈，創出 24.18 元高點，然後開始下跌。連接 A 和 B 兩個高點，可以繪製下降趨勢線。

　　在 C 處和 D 處，股價在反彈中高點都受到下降趨勢線的壓制，即股價沒有突破下降趨勢線，所以 C 和 D 處都是不錯的賣出時機。

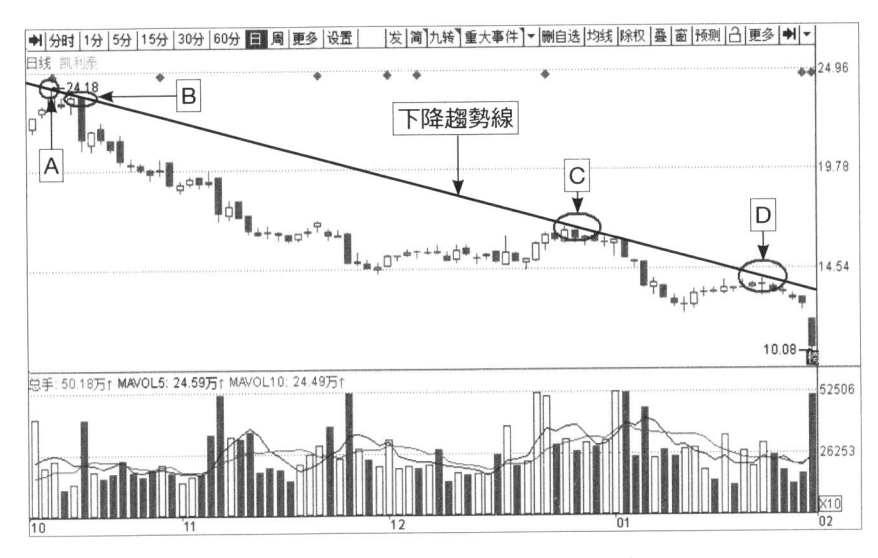

第 8 章　跟著趨勢走，你就能輕鬆成為市場贏家

▲ 圖 8-8　凱利泰（300326）日 K 線

8-4 通道線一旦被突破，趨勢就會發生變化

　　通道線又稱管道線，是在趨勢線的反方向上面畫一根與趨勢線平行的直線，且該直線穿越近期價格的最高點或最低點。這兩條線將價格夾在中間運行，有明顯的管道或通道形狀。如圖 8-9 所示的是上證指數（000001）2020 年 10 月 28 日至 2021 年 3 月 15 日的日 K 線。

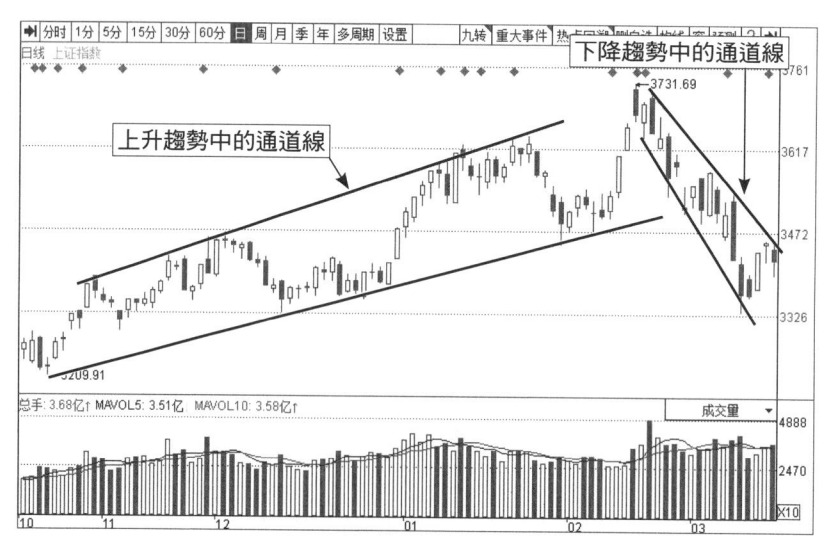

▲ 圖 8-9　上證指數（000001）日 K 線

第 8 章　跟著趨勢走，你就能輕鬆成為市場贏家

通道線的主要作用是限制價格的變動範圍，讓它不能變得太離譜。通道線一旦得到確認，那麼價格將在這個通道裡變動；而一旦被價格有效突破，往往意味著趨勢將有較大的變化。

當通道線被價格突破後，趨勢上升的速度或下降的速度會加快，而出現新的價格高點或低點，使原有的趨勢線失去作用，要重新依據價格新高或新低來畫趨勢線和通道線。

在明顯的上升趨勢中，價格上漲到通道線的上邊壓力線時，可以減倉，然後等回檔到通道線的下邊支撐線時再加倉。如圖 8-10 所示的是歌力思（603808）2020 年 12 月 9 日至 2021 年 7 月 13 日的日 K 線圖。

其股價經過長時間、大幅度下跌後，創出 12.19 元低點，隨後股價開始震盪上漲。可以用 A 和 B 兩點來繪製通道線的下邊線，和用 D 和 F 兩點繪製通道線的上邊線。可以看出，C、E、G、H、K、N 處都是較好的加倉點，而 J、L、M 和 X 處都是較好的減倉點。

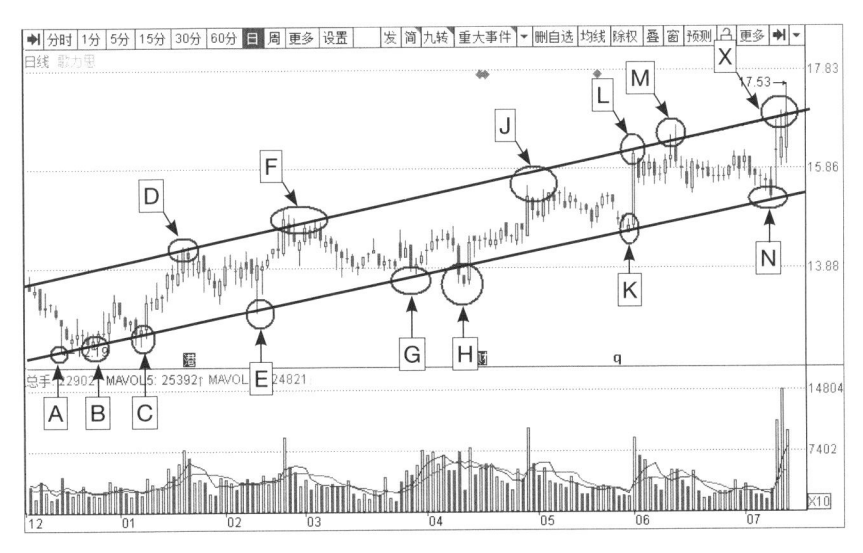

▲ 圖 8-10　歌力思（603808）日 K 線

273

通道線被價格突破後，往往不會發生價格反彈現象，即通道線發揮不了支持回測運動的作用。當價格突破通道線後，要麼一飛衝天，要麼迅速跌回趨勢通道中，不會在通道線附近做任何停留。圖中的 F 和 M 點，都是突破通道線後，迅速跌回趨勢通道中。

如圖 8-11 所示的是同仁堂（600085）2020 年 12 月 18 日至 2021 年 5 月 28 日的日 K 線，其股價突破通道線後一飛衝天。

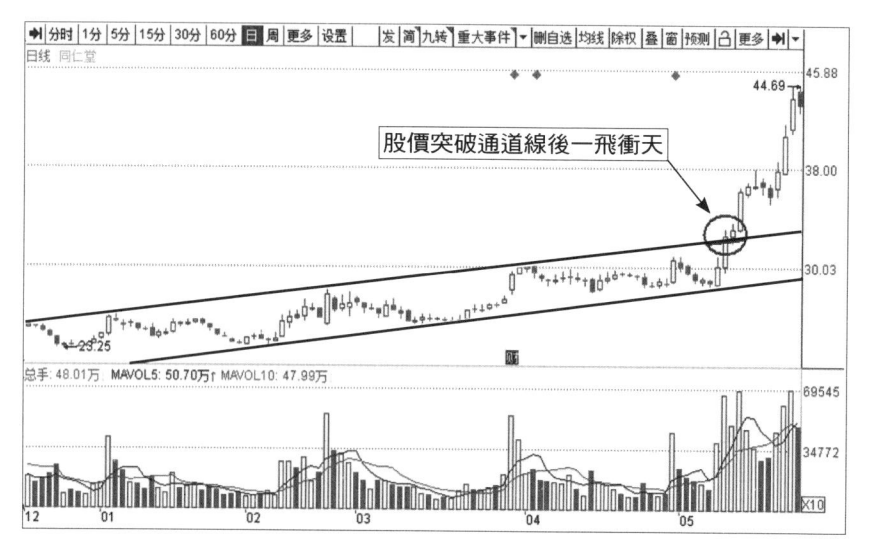

▲ 圖 8-11　同仁堂（600085）日 K 線

在下降趨勢中，價格上漲到通道線的上邊壓力線時，要果斷出場，然後等回檔到通道線的下邊支撐線時儘量不加倉。如果是快速下跌，可以利用少量資金搏反彈。如圖 8-12 所示的是鵬鼎控股（002938）2020 年 11 月 20 日至 2021 年 5 月 10 日的日 K 線。

在 A、C、D 和 G 處，即在股價的反彈高點是賣出的好時機，而在 B、E 和 F 處，原則上是不要參與。如果投資人已成為短線高手，可以

第 8 章　跟著趨勢走，你就能輕鬆成為市場贏家

利用少量資金做快進快出的反彈行情，不過風險很大，因為下降趨勢中的通道線往往不具支撐作用，常常被價格迅速跌破。

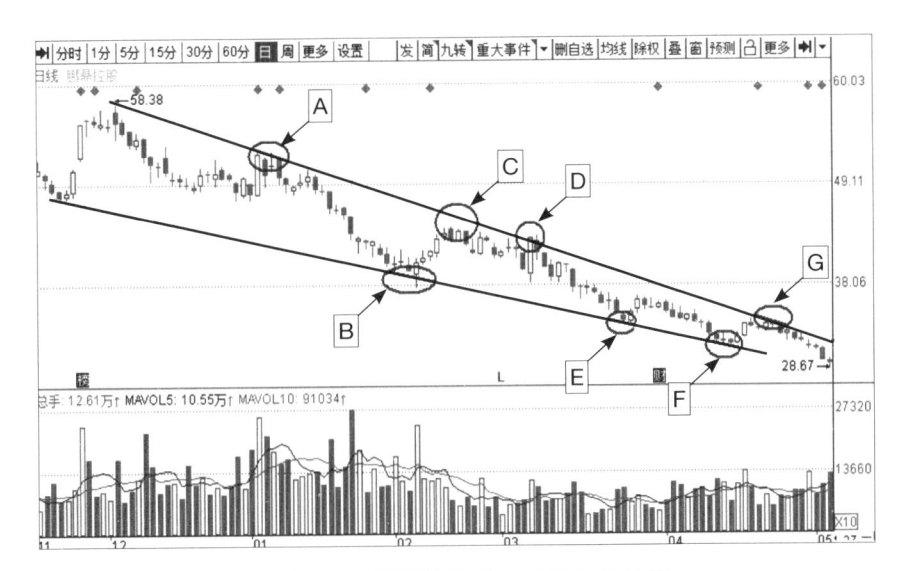

▲ 圖 8-12　鵬鼎控股（002938）日 K 線

8-5
黃金分割線分析強勢股和弱勢股

黃金分割是一個古老的數學方法，它的各種神奇作用和魔力，屢屢在實際中發揮我們意想不到的作用。

8-5-1　什麼是黃金分割線

黃金分割線源於一組奇異數字組合，即 1、2、3、5、8、13……任何一個數字都是前兩個數字的和，例如：2=1+1，3=2+1，5=3+2，13=8+5。

這一組數字的任一個數字與相鄰的後一個數字之比，均趨向於 0.618；而任意一個數字與相鄰的前一個數字之比，約等於 1.618。這組數字被稱為神秘數字，而 0.618 和 1.618 被稱為黃金分割率。

在上漲行情時，投資人都很關心股價上漲到什麼位置將遇到壓力。黃金分割線提供的位置，是基點價位乘上特殊數位。假設，基點價格為 10 元，則：

10.00＝10×1.000

13.82＝10×1.382

15=10×1.500
16.18=10×1.618
20.00=10×2.000
26.18=10×2.618

這幾個價位可能成為未來的壓力位。其中 16.18、26.18 成為壓力線的可能性最大。但如果處在活躍程度很高、股價上下波動較為劇烈的市場，這個方法容易出現錯誤。

同理，在下降行情時，投資人極為關心股價下落將在什麼位置獲得支撐。黃金分割線提供的是如下幾個價位，它們是由這次上漲的最高價位，分別乘上上面所列特殊數字中的幾個數。假設基點價格是 10 元，則：

8.09=10×0.809
6.18=10×0.618
5=10×0.5
3.82=10×0.382
1.91=10×0.191

這幾個價位極有可能成為支撐，其中 6.18 元和 3.82 元這兩個的可能性最大。

8-5-2　黃金分割線實戰分析

如果股價經過長時間的大幅下跌，探明底部區域後開始震盪上升，且上漲幅度不大然後出現回檔，這時可以利用黃金分割線來預測其回檔的位置，從而實現抄短底。

如圖 8-13 所示的是航太信息（600271）2021 年 1 月 22 日至 2021 年 4 月 7 日的日 K 線。其股價經過長時間、大幅度下跌後，創出 10.26 元低點。股價創出低點這一天，收了一根帶有長長下影線的錘頭線，這是一根見底 K 線。隨後幾天股價繼續在低點震盪，震盪 4 個交易日後，股價跳空高開出現反彈，這一波反彈最高上漲到 11.75 元。

要注意的是，股價這一波上漲到 11.70 元附近就漲不動了，然後在 11.30 元到 11.75 元之間來回震盪。經過十幾個交易日的窄幅震盪之後，股價出現回檔。

這一波回檔到什麼位置可以抄底呢？下面利用黃金分割線來計算。首先利用最低點 10.26 和最高點 11.75 來繪製黃金分割線，然後就可以看到其重要支撐位，即 0.618（11.18 元）、0.5（11.0 元）、0.382（10.83 元）黃金分割支撐位。

在這裡可以看到，股價兩根大陰線下跌，回檔到 50% 的位置，即 11

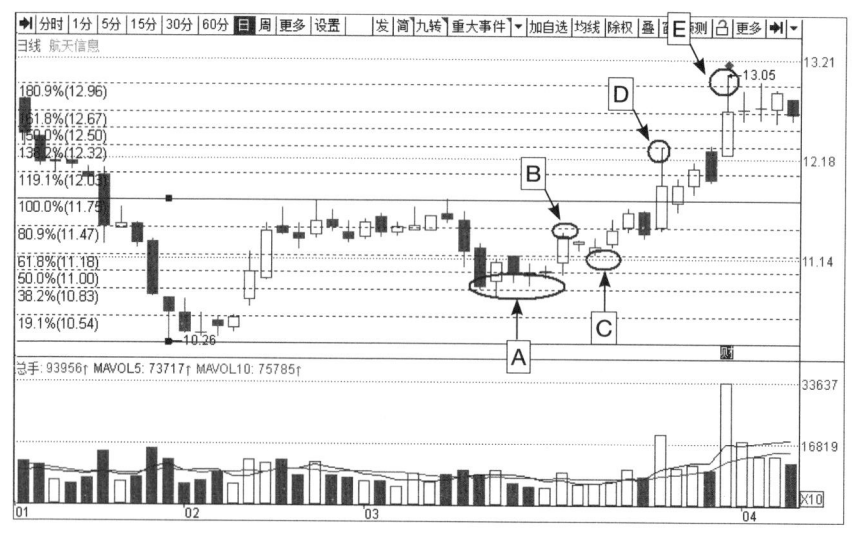

▲ 圖 8-13　航太信息（600271）日 K 線

元附近。隨後在11元到11.18元之間震盪4個交易日，即A處，所以A處是一個抄底做多的位置。接著股價開始上漲，一根中陽線漲到80.9%（11.47元），即B處。然後略回檔，回檔到61.8%（11.18元），即C處，接著股價繼續上漲，突破前期高點。

要注意的是，突破前期高點是一根帶有上影線的中陽線，最高上漲到138.2%（12.32元）附近，即D處。股價突破前期高點後，繼續上漲，最高上漲到180.9%（12.95元）附近，即E處。股價創出13.50元高點後，隨後幾天出現上漲無力的情況，所以短線高手要留心停利。

總之，一波上漲行情完成後開始回檔，一般會在0.5黃金分割位有支撐，如果支撐無效，會找0.382黃金分割位。如果是回檔，很少會跌破0.382黃金分割位，然後開始上漲。上漲過程也許很複雜，但在重要的黃金分割位都會有壓力或支撐。

在明顯的上升行情中，如果股價出現回檔，也可以利用黃金分割線來抄底。如圖8-14所示的是隆基股份（601012）2020年7月20日至2021年1月4日的日K線。其股價在明顯的上漲行情中，經過一波上漲之後出現回檔，到底回檔到什麼位置可以抄底？下面利用黃金分割線來計算。

利用2020年8月20日的低點51.30元，和10月13日的高點83.27元來繪製黃金分割線。在這裡可以看到，股價回檔到50%附近，即A處出現反彈。這一波反彈，反彈到80.9%附近，即B處。震盪近10個交易日後，再度下跌回檔，正好回檔到38.2%附近，即C處。股價止跌，開始新的一波上漲，所以C處是最佳抄底位置。

隨後股價開始震盪上漲，雖然上漲速度很慢，但股價的重心在上移。最後在D處，股價跳空高開突破前期高點，所以D處是一個短線加倉做多位置。

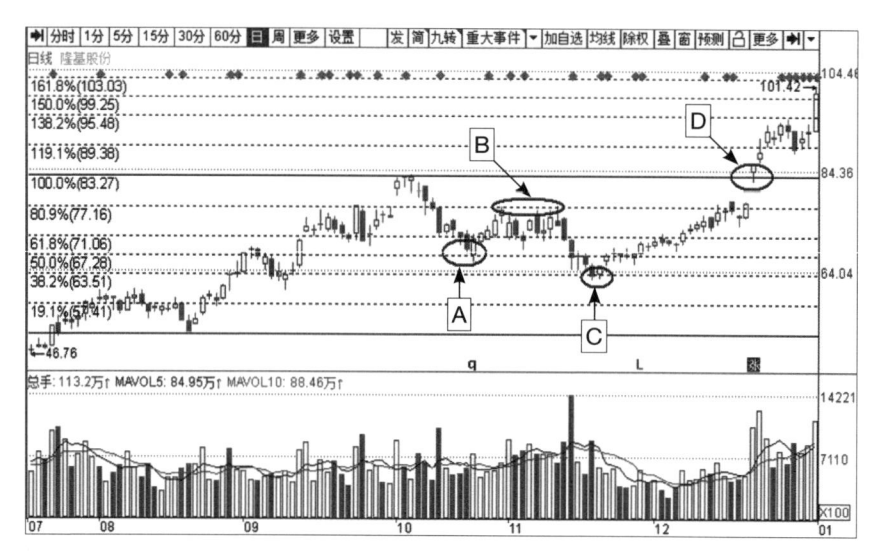

▲ 圖 8-14　隆基股份（601012）日 K 線

如圖 8-15 所示的是分眾傳媒（002027）2021 年 2 月 1 日至 2021 年 7 月 5 日的日 K 線。其股價經過長時間、大幅度上漲之後，創出 13.19 元高點，然後開始下跌，經過連續下跌之後，創出 8.94 元低點。接著股價開始反彈，下面來預測其反彈高度。

首先利用高點 13.19 元和低點 8.94 元來繪製黃金分割線。在這裡可以看到，股價反彈到 50%（11.07 元）附近，即 A 處開始受壓下行，回檔到 19.1%（9.75 元）附近，即 B 處。

股價在 B 處止跌後再度反彈，但這一波反彈力量有點弱，沒有再創反彈新高，而是在 C 處，即 50% 以下受壓下行。這一波下跌再度回到前期低點（8.94 元）附近，即 D 處。

股價在 D 處止跌後再度反彈，但這一次反彈更弱，並未反彈到 19.1%（9.75 元），即 E 處，就再度下跌。這一波下跌創出新低，即開始新的下跌行情。

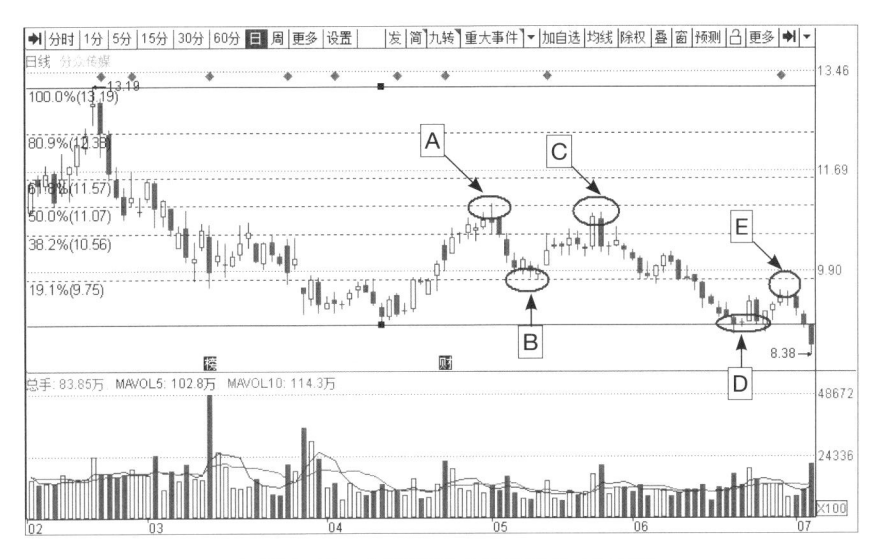

▲ 圖 8-15　分眾傳媒（002027）日 K 線

　　總之，每次反彈到 0.382 和 0.5 重要壓力位時都要特別小心，一旦出現不利的訊號，就要及時出場觀望。

8-5-3　黃金分割線對強勢股的實戰分析

　　假設一支強勢股，上一輪由 10 元漲至 15 元，呈現一種強勢，然後出現回檔，它將回檔到什麼價位呢？黃金分割的 0.382 位為 13.09 元，0.5 位為 12.50 元，0.618 位為 11.91 元，這就是該股的三個支撐位。

　　第一，若股價在 13.09 元附近獲得支撐，該股強勢不變，後市突破 15 元創新高的機率大於 70％。若創了新高，該股就會運行在第三主升浪中。能衝到什麼價位呢？

　　用一個 0.382 價位，即（15－13.09）＋15＝16.91 元，這是第一壓力位；用兩個 0.382 價位（15－13.09）×2＋15＝18.82 元，這是第二

壓力位；第三壓力位為10元的倍數，即20元。

第二，若該股從15元下調至12.50元附近才獲得支撐，則該股的強勢特徵已經趨淡，後市突破15元的機率只有50％。若突破，高點一般只能達到一個0.382價位，即16.91元附近；若不能突破，往往形成M頭，後市下破12.50元頸線位後，回到起點10元附近。

第三，若該股從15元下調至0.618位（11.91元），甚至更低才獲得支撐，則該股已經由強轉弱。破15元新高的機率小於30％，大多僅上摸下調空間的0.5位附近。假設回檔至11.91元，反彈目標位大約在（15－11.91）×0.5＋11.91＝13.46元，然後再行下跌，運行該股的下跌C浪。

大約會跌到什麼價位呢？11.91－（15－13.09）＝10元，是第一支撐位，也是前期低點；11.91－（15－13.09）×2＝8.09元，是第二支撐位。

8-5-4　黃金分割線對弱勢股的實戰分析

假設一支弱勢股上一輪由40元跌至20元，然後出現反彈，黃金分割線的0.382位為27.64元；0.5位為30元；0.618位為32.36元。

第一，若該股僅反彈至0.382位（27.64元）附近即遇阻回落，則該股的弱勢特性不改，後市下破20元創新低的機率大於70％。

第二，若該股反彈至0.5位（30元）遇阻回落，則該股的弱勢股性已經有轉強的跡象，後市下破20元的機率小於50％。大多在20元之上再次獲得支撐，形成W底，日後有突破30元頸線、上攻40元前期高點的可能。

第三，若該股反彈至0.618位（32.36元）附近才遇阻回落，則該股

的股性已經由弱轉強。後市基本上可以肯定不會破20元前低，更大的可能是回探反彈空間的0.5位。假設反彈至32.36元，回檔目標為（32.36－20）×0.5＋20＝26.18元，後市上破40元前高的機率大於50 %。第一壓力位40元，是前高，也是前低20元的倍數；第二壓力位是2浪底，即26.18元的倍數52.36元，此時該股已經運行在新一上升浪的主升3浪中。

> **專家提醒**
>
> 黃金分割線對具有明顯上升或下跌趨勢的個股有效，對平台運行的個股無效，一定要加以區別。

國家圖書館出版品預行編目（CIP）資料

用 190 張線圖學會 買低賣高賺飽價差／周峰著． – 新北市：大樂文化有限公司，2025.2（優渥叢書Money；085）

288 面；17×23 公分

ISBN 978-626-7422-77-9（平裝）

1. 股票投資　2. 投資技術　3. 投資分析

563.53　　　　　　　　　　　　　　　　　　　　　　113020374

Money 085
用 190 張線圖學會 買低賣高賺飽價差

作　　者／周　峰
封面設計／蕭壽佳
內頁排版／王信中
責任編輯／林育如
主　　編／皮海屏
發行專員／張紜蓁
財務經理／陳碧蘭
發行經理／高世權
總編輯、總經理／蔡連壽
出 版 者／大樂文化有限公司（優渥誌）
　　　　　地址：220新北市板橋區文化路一段 268 號 18 樓之一
　　　　　電話：（02）2258-3656
　　　　　傳真：（02）2258-3660
詢問購書相關資訊請洽：2258-3656
郵政劃撥帳號／50211045　戶名／大樂文化有限公司

香港發行／豐達出版發行有限公司
地址：香港柴灣永泰道 70 號柴灣工業城 2 期 1805 室
電話：852-2172 6513　傳真：852-2172 4355

法律顧問／第一國際法律事務所余淑杏律師
印　　刷／韋懋實業有限公司

出版日期／2025 年 2 月 27 日
定　　價／380 元（缺頁或損毀的書，請寄回更換）
ＩＳＢＮ／978-626-7422-77-9

版權所有，侵權必究　All rights reserved.
本著作物，由清華大學出版社獨家授權出版、發行中文繁體字版。
原著簡體字版書名為《K 線技術分析》。
非經書面同意，不得以任何形式，任意複製轉載。
繁體中文權利由大樂文化有限公司取得，翻印必究。

優渥叢書

優渥叢書